running
for peak performance

ガイアブックスは
地球(ガイア)の自然環境を守ると同時に
心と体内の自然を保つべく
"ナチュラルライフ"を提唱していきます。

フランク・ショーターの
マラソン＆ランニング

オリンピック金メダリストによる
ランニングからフルマラソンまで。
心理的効果を引き出す斬新なプログラム

フランク・ショーター 著

日向やよい 訳

A Dorling Kindersley Book
www.dk.com.

Project Editor Shannon Beatty
Art Editor Miranda Harvey
Managing Editor Stephanie Farrow
Publishing Manager Gillian Roberts
Art Director Carole Ash
Publishing Director Mary-Clare Jerram
DTP Designer Sonia Charbonnier
Production Controller Sarah Dodd
Photographer Russell Sadur

First published in the Great Britain in 2005
by Dorling Kindersley Limited
80 Strand, London WC2R 0RL, England
Penguin Group (UK)

Original Title : Running for peak performance
Copyright © 2005 Dorling Kindersley Limited
Text copyright © 2005 Frank Shorter

Japanese translation rights arranged with
Dorling Kindersley Limited, London
through Tuttle-Mori Agency, Inc., Tokyo.

本書掲載の情報については、正確を期すため最大限の努力を
いたしました。しかし、出版社も著者も、この本が読者の皆様
ひとりひとりに対する専門家のアドバイスやサービスに代わる
ものとは考えておりません。本書に書かれているトレーニング
や食事のプログラムを実行する際、健康面で何らかの不安が
ある方は、必ず事前に医師に相談してください。

版権所有。事前に、版権所有者から書面による同意を得なけ
れば、本書のいかなる部分も、複製、データ化、電子式・機械
式複写、録音等はできません。

目次

- 6 この本を読まれる方へ

8 基本的なことがら
- 10 ランニングの効果と利点
- 14 あなたの体力は?
- 16 何を着るか
- 20 ランニングシューズ
- 24 とにかく始めよう
- 26 初めての走り
- 30 テクニックと安全
- 32 初心者のためのプログラム

34 準備運動とレジスタンストレーニング
- 36 ウォームアップ
- 38 クールダウン
- 40 いろいろなストレッチ
- 48 レジスタンストレーニングとは
- 50 いろいろなレジスタンストレーニング
- 58 ウォームアップとストレッチ
- 59 強化運動とクールダウン

60 ランニングを続けるために
- 62 ランニングと身体
- 64 心理的効果
- 66 トレーニング日誌
- 69 時間を見つける
- 70 燃料となる食物
- 74 ビタミンとサプリメント
- 76 老化を遅らせる
- 78 減量のためのランニング
- 80 減量プログラム

82 中級レベル以上の人のために
- 84 テクニック
- 94 損傷と使いすぎ
- 96 損傷の予防
- 98 膝の損傷
- 100 背中と腰の痛み
- 102 足と足首の損傷

106 上級レベルからさらに上をめざす
- 108 装備
- 110 インターバルトレーニング
- 114 インターバルトレーニング・プログラム
- 116 ヒルトレーニング
- 118 路面
- 120 ルートを変えてみる
- 122 呼吸法
- 124 安全に走る

126 レースに出る
- 128 事前の準備
- 130 トレーニングを絞り込む
- 132 勝つための食事
- 134 最終準備
- 136 レース直前
- 138 レース中
- 142 レース後
- 144 トレーニングの再開
- 146 国際マラソン
- 148 5キロレースへ向けてのプログラム
- 150 10キロレースへ向けてのプログラム
- 152 ハーフマラソンへ向けてのプログラム
- 154 フルマラソンへ向けてのプログラム

- 156 索引
- 158 著者について
- 159 関連情報

この本を読まれる方へ

　1972年、ミュンヘンオリンピックのマラソンで金メダルを獲得したあの日に、ランニングは私の人生をがらりと変えました。けれどもこの変化は、実はもっと前、学校の行き帰りに週に何日か走ろうと決めた12歳のときに始まっていたのです。スキーの滑降の選手になるための「トレーニング」の一環でした。学校には服装の決まりがあって、紐つきの革靴を履くことになっていました。カジュアルな靴は禁止でしたし、トレーニングウェアなどもってのほかでした。でも私はトレーニングのためだからと校長先生に頼み込んで、運動靴で通学する許可をもらっていました。体操の時間には、ほかの子たちがリレーの練習をしたりフットボールをしたりしているあいだ、私だけ、フィールドをぐるぐる走っていいことになっていました。ずいぶんと人を言いくるめるのがうまい子供だったにちがいありません。
　そのうちに、グラウンドをただ縦横に走り抜ける感覚が好きなことに気づきました。走っているあいだは、あらゆる束縛から解き放たれて自由に考えをはばたかせることができます。そしてふと気づくと、いつのまにかゴールに着いているのです。すべて自分の努力しだいである点も気に入りました。足の親指のつけ根でもっと流れるように地面を蹴ることができるように、ローカットのゴム底のズック靴に手を加えていっそう軽くすることまでしました。
　将来、ランニングで身をたてようとは全然考えていませんでした。ただ優秀なスキーヤーになるためのトレーニングのひとつにすぎなかったのです。ランニングは私の人生に大きな恩恵をもたらしましたが、それは意図して勝ちとったというより、偶然にもたらされたものです。私のランニング人生を振り返ってみますと、いつもそのようにひとりでに道がひらけてここまで来られたのだと、改めて思うのです。

基本的なことがら

私の大学時代の指導教官でランニングコーチでもあったロバート・ギーゲンガックは、新入生の私に、自分自身のコーチになるにはどうすればいいかを教えてくれました。鋭い直観力を持つ聡明な人で、その名コーチぶりはエール大学の外にもとどろいていましたが、「ギーグ」という愛称で親しまれていて、ブルックリンなまりのうえに少々舌足らずなところがありました。その話しぶりはアニメのバッグズ・バニーの敵役(かたきやく)、エルマー・ファッドにそっくりで、私をいつも「ファンキー」と呼ぶのでした。

私が初めてランニングを正式に学んだその数年のあいだにギーグは、トレーニングのやり方とその各要素をいかにうまく組み合わせるかについて、多くのことを教えてくれました。今度は私が、この自分でできるユニークなトレーニング法をみなさんにお伝えして、それぞれのランニングの目標を達成するお手伝いをしたいと思います。

10　基本的なことがら

ランニングの効果と利点

ランニングは、健康な身体を手に入れるいちばん簡単で効果的かつ安上がりな方法です。余分な体重が落ちて骨格の強度と骨量が増し、免疫系が活性化して血圧が下がり、見た目もよくなって、いっそう自分に自信が持てるようになります。けれどもいちばんいいのはなんといっても、ほぼ誰にでもできるということでしょう。私たちは誰でも、片方の足をもう片方の足の前に出す、その人独特のやり方を身につけています。ランニングを始めるのに必要なのはその能力だけです。

トレーニング効果

ランニングは心血管系の働きを改善しますが、これはトレーニング効果と呼ばれます。ある時間続けて運動すると、身体は疲労します。その後身体は回復と再構築の過程を経ますが、このとき、次回の運動への備えをほんの少しだけ引き上げようとします。心血管系はその要請に応えて、心臓を強化し、血管の数や太さ、柔軟性を増加させます。その結果、体内を循環する血液と酸素の量が増えるので、次回同じ運動をしてもずっと楽に感じられるようになるのです。

減量とランニング

ランニングはほかのほぼあらゆる運動よりも多くのカロリーを燃焼させます。ですから、体重コントロールプログラムを微調整するにはうってつけの方法です。気分を高揚させ、代謝を活発にするので、減量効果もいっそうあがります。減量にむずかしい理論は必要ありません。単純な算数の問題です。摂取した以上のカロリー、つまりエネルギー単位を燃焼させれば、体重は減ります。身体に取り入れるカロリー数に注意を払い、取り入れたより多くのエネルギーを消費できるように、ランニングを組み込めばいいのです。ジョギング初心者もベテランランナーと同じくらい効

未来へ向かって走る：ひとりで走ることを選ぼうとパートナーと走ろうと、ランニングは生涯健康に過ごすための投資です。

体重を減らす：ランニングは気分を爽快にしてくれるだけではありません。定期的に行い、食事にも気をつければ、余分な体重を落とすのにも有効です。

果的に体重を落とすことができます。ペースにかかわりなく、初心者もベテランも1.6キロメートルにつき約100カロリーを燃焼させるからです。もしトレーニングレベル（p.25を参照）が同じなら、この1.6キロメートルを15分で走ろうが4分で走ろうが、消費されるエネルギーはほとんど同じです。

いつまでも若々しく

ランニングは心血管系を強化し、その結果、体内を循環する血液と酸素を増やします。こうして代謝効率が向上すると、筋肉を作ったり、骨密度をあげたり、免疫力を高めたり、血管疾患の進行を防いだりして、老化を遅らせると考えられています。こういった効果に加えて、ランニングはくすみのない若々しい素肌ももたらします。

女性にとってはさらに、体重増加やうつ病、活力の低下といった更年期の影響をやわらげてくれるという利点もあります。骨粗鬆症と呼ばれる、骨が穴だらけになる状態に対しては特に効果的な武器です。ランニングで骨に加わる衝撃が、実は骨量を増加させるからです。毎日爽快な気分になれるうえ、いつまでも若々しくいられるというおまけつきなんて、ランニングもなかなか捨てたものじゃないとは思いませんか？

トレーニングと気分

身体的な効用とならんで、トレーニング効果の心理的な側面も研究の対象となっています。「ランナーズハイ」（上記の囲み記事を参照）として多くの人に知られている現象です。一走りしたあと、ランナーはふつう、エンドルフィンと呼ばれるホルモンの高まりを経験します。これらのホルモンは気分を高揚させ、身体の痛みの受容体をブロックするため、しばしば「ハッピーホルモン」と呼ばれます。ランナーズハイはもちろん本格的なうつ病に対して専門医の代わりとなるものではありませんが、気分を上向きにするのに運動がいかに効果的かを示すひとつの証拠といえます。日常生活のレベルでも、ランニングが不安感や怒りをしずめてくれることが実証されています。

女性にとっての利点：ランニングは骨密度をあげ、体重増加を防ぎ、ホルモンを安定させて、更年期の影響をやわらげます。

ランナーズハイ

今ではすっかり有名になった「ランナーズハイ」ですが、この現象を発見したのは「エアロビクス」（ランニングのような、エネルギーを得るために酸素を使う持続的な活動）ということばを作ったケネス・クーパー博士です。ある日ひとりの男性が博士のところに来て、命の恩人ですとお礼を言いました。「どういたしまして。でも、どういうことか、よかったら聞かせてくれませんか」と博士はたずねました。男性は以前うつ病にかかっていて、自殺願望にとりつかれていました。非常に体調も悪かったので、全力疾走して心臓麻痺で死ねば、生命保険の自殺条項の適用もまぬがれられると考えました。家から少し走ると倒れましたが、死ねませんでした。何度かこれを企てるうちにだんだん走る距離が伸び、いつのまにかうつ病が消えているのに気づきました。それと知らずに、ランニングがうつ病に効果的であることを発見したのです。つまりランナーズハイを体験したわけです。

ランニングの効果と利点　13

私は、運動をする人は誰でもひとりの競技者だと考えています。ひとりひとりの違いは、運動の強度や設定目標、集中度の違いにすぎないのです。

ランニングの効用

ランニングを続ければ、健康状態も外見も人生観も変えることができます。ここにあげたのはランニングのもたらす多くの効用のほんの一部です。

- 体調がよくなる
- 減量を助ける
- 身体がひきしまり、血色もよくなる
- 免疫力を高める
- 骨量が増える
- 自信が増す
- 気持ちが明るくなる
- 老化を遅らせる
- ホルモンの乱れを安定化させる
- 循環機能を改善する
- 活力が増す
- 更年期の影響をやわらげる
- 不安感を解消させる

あなたの体力は？

心拍数とは心臓がポンプ運動で身体中に血液を送り出す際の1分あたりの拍動数（BPM）で、心血管系の能力のとてもよい尺度のひとつです。安静時の心拍数が、基礎的な能力を評価する鍵です。運動中は心拍数のあがりぐあいでトレーニングのきつさを正確に知ることができ、もっとペースをあげたほうがいいのかさげたほうがいいのかを判断することができます。この章では、心拍数を利用して心臓を適切に鍛える方法を述べます。

心血管系の能力を知る鍵

これからは心拍数をめやすにして走ってください。まず、安静時心拍数（Resting Heart Rate:RHR）とは何かを理解しましょう。これは身体を休めているときの心拍数です。ほとんどの人は毎分60から80で、心臓の能力が高いほど低くなります。充分な睡眠をとった翌朝、ベッドから出る前に測るのが、いちばん正確なRHRを知る方法です（次頁の囲み記事を参照）。

体力がつき、心臓が強くなるにつれ、RHRは減っていくことが多いのですが、トレーニングを始めて1年もしないうちに、おそらく横ばいになるでしょう。また、年齢とともに上がっていく傾向もみられます。けれども、高いRHRが必ずしも悪いとはかぎりません。世界記録保持者でも、絶頂期でさえRHRが高かった人もいます。もしきついトレーニングをしていてRHRが増していくようなら、たぶんトレーニングのやりすぎです。

最大心拍数とトレーニングゾーン

最大心拍数（Maximum Heart Rate:MHR）とは、あなたの心臓が一分間に拍動できる最大頻度のことです。220から自分の年齢数を差し引けば、MHRの推定値が得られます。ただし運動をして実際にMHRに到達してみてもいいのは、適切な監督のもとで心血管系の評価のための医学的な負荷試験を受けているときだけです。

最適なトレーニングゾーンは、だいたい、あなたのMHRの60〜70％のところです（次頁の囲み記事を参照）。これくらいの心拍数のとき、心血管系がいちばん効率よく働くのです。このとき身体は酸素を使って、グリコーゲンと呼ばれる炭水化物のエネルギー源を燃焼させます。これがトレーニングに最適の燃料です。この適度な強度でトレーニングをすれば、無理なトレーニングによる疲労や故障といった落とし穴を避けながら、体力をつけることができます。

注意すること

多くの人は、トレーニング中、必要もないのにきつい走りをしがちです。レースを目標に長距離走（90分以上）や強化インターバル（p.110〜15を参照）、ヒルトレーニング（p.116〜17を参照）をしているのでないかぎり、自分のMHRの70％より高い心拍数で走る必要はありません。そういったきついトレーニングは、楽なトレーニングを1年くらい行ってから始めるべきですし、その場合でも、MHRの80％を超えるほど心拍数をあげてはいけません。そんなことをしても数分と持続することができないばかりか、やりすぎ（オーバートレーニング）になるおそれがあります（p.62〜63を参照）。

体格指数（Body Mass Index:BMI）

BMIとは、身長と体重から体格の健康度を割り出すものです。BMI 18.5〜24.9が健康、18.5未満は痩せすぎ、25以上は太りすぎです。

BMIを計算するには、キログラムで表した体重をメートルで表した身長の2乗で割ります。たとえば57kg÷（1.7m×1.7m）＝19.6のようになります。

あなたの体力は？　15

心拍数の式

心拍数を用いて、心血管系の健康度と最適なトレーニング強度を割り出します。次の基本的な式三つを使って自分の体力レベルを求めましょう。

安静時心拍数（RHR）＝朝いちばんに、首のあごのほねのすぐ下（写真参照）か手首で脈を10秒間数え、これに6をかける。

最大心拍数（MHR）＝220－年齢

有酸素トレーニングゾーン（MHRの60〜70％）＝自分のMHR×0.6または0.7

有酸素運動と無酸素運動

簡単にいうと、有酸素運動とは酸素が充分にある状態での運動です。筋肉が動くときにはグリコーゲン（単糖）、または脂肪やたんぱく質（グリコーゲンよりエネルギー効率が悪い）を空気中の酸素と反応させて、筋収縮の燃料とします。一定レベルの運動（MHRの70〜80％で始める）を一定時間行うと、身体の取り入れる酸素量が代謝の要求する量に追いつかなくなります。心拍数が高いほど、早くこの限界に達します。そうすると筋肉は無酸素つまり「充分な酸素がない状態」で、エネルギーを作り出すようになります。この効率の悪いプロセスは乳酸と呼ばれる副産物も生み、これが筋肉に蓄積すると、やがて筋肉は収縮をやめてしまいます。

ですから、もし無酸素運動の状態で走っているとすると、3分もしないうちに走れなくなります。そもそも、心血管系を健康にするのに「無酸素運動」は必要ありません。あなたを鍛え、強く健康にしてくれるのは有酸素運動です。

RHRは自分の体力を知りトレーニングを管理する鍵です。毎朝チェックして記録をつけましょう。そうすれば、体力がついてきている（数字が小さくなる）かどうかや、きついトレーニングをしすぎている（数字が大きくなる）かどうかがわかります。

何を着るか

ランニング用の衣類は着ごこちと機能を重視してデザインされています。湿気を外に逃がして乾いた状態を保つような素材が開発されており、値段は高くなりますが、それだけの価値は充分にあります。安いものよりも軽くて丈夫なうえ、汗によるべたつきと冷えを防いでくれます。中に着るものと羽織るものの組み合わせをいろいろ試して、身体のオーバーヒートを防ぎながら雨風を避けられるように工夫しましょう。

値段だけのことはある

ランニングウェアの値段はいろいろですが、いちばん高価なのが、防風、防水で透湿性のある布で作られたものです。簡単にいうと、この布地は身体からの湿気を水蒸気の形で外に逃がしてくれますが、外からの水の浸入は防ぎます。液体の水の分子よりは小さいけれど、水蒸気の分子よりは大きい穴を持つ素材を想像してみてください。防水布は撥水布と違って、肌にまで雨がしみ通ることはありません。もしあなたがオーバーヒートしやすいたちなら、防水布だと実際少々暑すぎるという人たちがいることも、おぼえておくといいでしょう。

重ね着が鍵

ランニング用の服装は透湿性のあるウェアの重ね着でまとめましょう。透湿性のあるものを重ね着するのは、汗が蒸発して身体を冷やす「冷却効果」を防ぐためです。湿った肌や布地に直接風が当たると、いっそう冷えやすくなります。当然のことながら、風が冷たければこの冷却効果は最大になります。湿気を肌から離れたところへ運んでくれるような衣類を重ね着すれば、たとえ悪天候でも身体は温かく乾いた状態に保たれます。必要と思われるより多めに重ね着したほうがまちがいがありません。暑くなったら一枚脱いで腰に結べばいいのですから。

なかに着るもの

肌に直接触れる衣類は、どんなときも、身体からの湿気を逃がし吸収しないものを着ます。内臓の大半は胴体部分にあるので、重ね着して大事にまもってやらなければならないのは上体です。ですから、乾いていて涼しい気候（7〜10℃）のときには、ポリエステル／綿またはナイロン／ライクラ混紡のような透湿性のある素材の長袖シャツを着れば、充分に温かく乾いた状態が保てます。その上に、防風防水性で透湿性のある走りやすい上着を着ればいいでしょう。

下はナイロントリコットのショートパンツがおすすめ。

湿気を逃がす素材がいい理由

身体からの湿気を外に逃がすような材質を常に選びましょう。ポリエステル／綿またはナイロン／ライクラのような混紡、あるいはクールマックス、ドライフィット、マイクロピークのような高機能素材です。こういった生地は肌の表面の湿気を通すので、湿気は生地の外側に集まって蒸発し、生地そのものはいつも乾いた状態に保たれます。発汗は妨げませんが、蒸れとべたつきを感じなくてすむのです。

何を着るか　**17**

寒いときの服装
質のよいものを着れば走りにも大きな違いが出るでしょう。下のモデルは寒い季節でも暖かく走れる服装をしています。

暖かいときの服装
透湿性のある高機能の生地は、携帯用の飲料水ボトルとともに暑いなかでのランニングをより快適にしてくれます。下のモデルは暖かい気候のときに涼しく走れる服装をしています。

寒いときには保温性のある毛糸の帽子をかぶって、頭部から身体の熱が逃げるのを防ぎましょう。

首のまわりにはネックウォーマーをつけてもいいでしょう。あごの上まで引き上げればさらに保温性が高まります。

防風防水で透湿性のある生地でできたランニングスーツは、寒くて荒れもようの日にも身体をまもってくれます。

手袋やミトン、長さに余裕のある袖は、手がこごえるのを防いでくれます。

野球帽とサングラスはまぶしい光から目をまもり、顔に直射日光があたるのを防ぎます。

蒸れを防ぐため、通気性のよい生地でできたショートパンツとTシャツを着用します。

透湿性はほとんどありませんが、丈夫ですぐに乾きます。ただし風があるときには、代わりにタイツを着用します。材質は特に選びませんが、ある程度風を防いでくれるくらい、目のつまった生地のものにすることが大事です。

寒い季節

とても寒いとき(7℃以下)にも走るようなレベルに達したら、防水防風性があって透湿性の素材でできたランニングスーツを買いましょう。走るときにふつう着るものに比べれば少し値段は張りますが、外気から身体をまもるという意味で、余分にお金をかけただけのことは充分にあります。この時期、重ね着のいちばん下には肌からの湿気を逃がしてくれる材質の長袖シャツを着ます。風があるときにはこれが特に重要です。湿った肌に風があたると低体温をひきおこすことがあるからです。次に長袖の綿のシャツを着て風を防ぎます。その上に、防水防風性があって透湿性のランニングスーツを着用します。寒いときには頭部から熱が多く奪われるので、必要ないかなと思うときも、帽子をかぶりましょう。ネックウォーマーと呼ばれるものを使うのもいいでしょう。これをあごまでひっぱりあげれば、さらに保温性が高まります。また冬に走る人たちはみな、手首が覆われていたほうが暖かく感じると言います。ですから、袖さきをひっぱりおろして手首を覆えるような長袖を着るか、手袋やミトンをするように気をつけてください。

雨のときは、必ず湿気を逃がす衣類の上に透湿性のある撥水または防水のジャケットを重ね、好みによってタイツまたはショートパンツを着用します。野球帽かヘッドバンドで、雨や汗が顔に流れたり目にはいったりするのを防ぎましょう。

スポーツブラ

女性の場合はスポーツブラを購入する必要があります。このブラはランニングのような激しい運動をしたときの揺れを最小限に抑えるようにデザインされており、普通のブラより支えがしっかりしていて快適です。支えが充分かどうかをみるには、挙手跳躍運動を数回してみます。バストが動かないようなら大丈夫です。

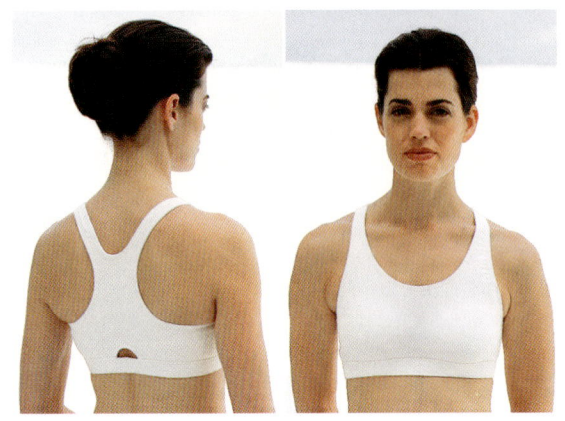

軽い支え
このブラはたいてい、カップサイズではなく大中小で売られています。バストを身体に平らに押しつけることによって、痛みを伴う揺れを防ぐものです。そうは言っても、呼吸を妨げるほどきつくてはいけません。ふだんBカップかそれ以下のブラをつけている人に最適です。

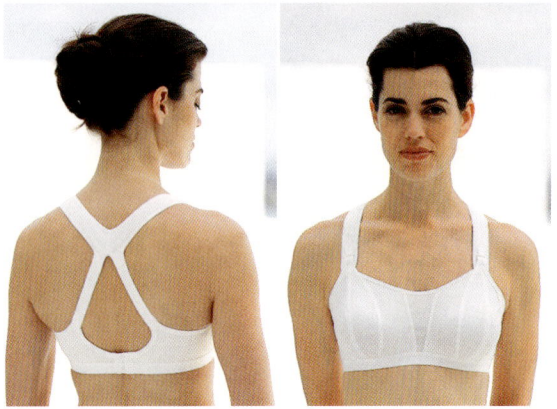

しっかりした支え
もしふだんCカップかそれ以上をつけているなら、しっかりした支えのスポーツブラがいいでしょう。バストを成型カップに包み込むことによって、揺れを防ぎます。軽い支えのブラと違い、カップサイズ別になっているのがふつうです。しっかり支えるために、横方向ののびがほとんどない生地が使われます。

暑い季節

暑い季節（21℃以上）には、湿気が汗の形で肌の上に集まるような服装をしましょう。そうすれば、汗が蒸発するときに身体を冷やしてくれます。暑い季節にトレーニングするときも、透湿性のある衣類を選んだほうがいいでしょう。湿気をあまりためこまないので、どんどん汗をかいても重くなりにくいからです。男性はナイロントリコットのショートパンツに袖なしシャツかタンクトップが最適です。女性は袖なしの下にランニング向きのブラ（p.18の囲み記事を参照）を着用します。

気候の変化に備えて

寒くて荒れもようの日には、透湿性のある素材を外側に着ることが重要です。汗が肌付近にたまると冷却作用がはたらくからです。もしこれが起こると、やがて低体温になってしまいます。

陽が照っているときにはぜひ、帽子をかぶって日焼け止めを使ってください。脱水と皮膚癌の予防のためです。ただし、非常に気温が高い日は、走るのを休むか、せめて陽射しの強い午前9時から午後4時のあいだは避けるようにしましょう。

ソックス

ソックスは足と靴の隙間を埋めるためのものですから、いちばん大事なのは足に合ったソックスを選ぶことです。合わないソックスをはけば、材質にかかわらず、走りにくいうえに水疱ができてしまいます。いくつかのタイプがありますが、代表的なのはここにあげた3種です。それぞれユニークなセールスポイントがありますが、肝腎なのは自分の足に合うかどうかであることを忘れないでください。

厚手の綿ソックス

綿は柔らかくて肌触りもいいのですが、濡れると水分を吸収して、水疱のできる原因になります。足に汗をかきやすかったり、雨のなかを走ったりするときは理想的な選択とは言えません。

透湿性のある合成繊維

足に汗をかきやすかったり、90分以上走ったりするときは、透湿性のある合成繊維のソックスを試してみてください。

二重ソックス

足とソックスよりも、ソックスのふたつの層どうしがこすれあうので、水疱ができにくくなります。長距離を走るときやマラソンに参加するときなどにうってつけです。

ランニングシューズ

ランニングシューズを買うときに気をつけるのは、フィット感、衝撃吸収性、安定性の3点です。自分にぴったりの靴を見つけるには、店員に知識があって親切だという評判のランニング専門店に行ってみましょう。ランニングシューズは履いているうちに足になじむというものではないので、色や値段で選んだり、よく調べもせずに決めたりすれば、あとで困るのはあなた（とあなたの足）だということを、肝に銘じておいてください。

完璧なフィットを見つける

ここでいうフィットとは履き心地のよさのことです。ランニングシューズは履きこんで足になじませるものではありませんから、初めて履いたときにいちばん履き心地のいいものが、あなたにいちばん合う靴です。どんな靴も、靴型と呼ばれる木の型のまわりに部材を寄せ集めて作られます。この靴型の形は実にさまざまです。自分の足にいちばん近い形の靴型で作られたシューズを探せばいいわけです。これはとにかく試し履きしてみるしかなく、完璧にフィットする形やサイズを見つける近道はありません。たとえ同じメーカーのものでも、実際に足を入れてみなければわからないのです。さまざまなモデルがさまざまな靴型を用いて作られています。もし満足のいくフィット感のシューズが見つけられない場合は、矯正用具（p.22の囲み記事を参照）

基本的な注目点

店員はまず、あなたが実際に何を必要としているのかを把握しようとするでしょう。次のようなことを聞かれるかもしれません。

- 走る頻度は？
- 1週間に走る距離は？
- 走っているときや走ったあとに痛みを感じるか？
- 何かの大会に向けてトレーニングしているのか？

また、どれくらいの支えが必要かや、過剰回内かそれとも回外かをみるため、走るところをみせてほしいと言うかもしれません（p.21を参照）。

靴底の減りぐあい

過剰回内足の人は、靴底の内側が最初に減っていくのに気づくものです。ミッドソール（p.23を参照）も圧迫を受け、減りやすいでしょう。回外足の人は靴底の外側前部が減りやすいでしょう。また回外足の人は過剰回内足の人よりも速くシューズがだめになる傾向があります。

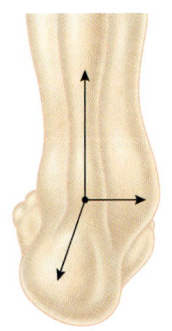

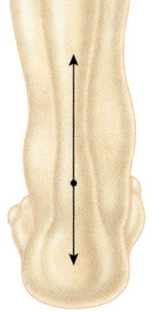

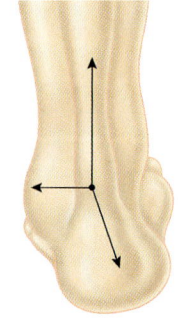

過剰回内（左足）　内側が減る　中立（左足）　平均に減る　回外（左足）　外側が減る

の使用を考えてみる必要があるかもしれません。

衝撃吸収性

　ランニング中はひと足ごとに体重の4倍もの衝撃が足に加わります。これは身体にとってたいへんな負担ですので、シューズが充分に衝撃を吸収し、支えてくれることが重要になります。ただし、これにはそれなりの値段のものが必要になります。良質のランニングシューズのほとんどにはすぐれた衝撃吸収材であるエチルビニルアセテートでできたミッドソール（p.23を参照）が使われていますが、その分値段も高くなるからです。いざというときには、衝撃をいくらか吸収してくれる中敷きを買うこともできますが、どうせお金をかけるなら、充分な衝撃吸収性のあるシューズを最初から使うほうが賢明でしょう。

過剰回内や回外を支える安定性

　足の正常な動きは回内と呼ばれますが、この回内が過剰になるのは避けなければなりません。ランニング中は、おりてきた足が中立位で平らに押しつけられ、ついで地面を蹴るとき、土踏まずのアーチと足首の内側がわずかにつぶれます。この状態が回内です。つまり、足は本来、着地するときに内側に回転するのです。

　ランニングシューズの安定性が特に重要なのは、この足の動きが極端になるのを防いでくれるからです。あなたの足の着地のしかたがどうであれ、変えなくてはと思う必要はありません。自分の足の動きにあった支えをしてくれるデザインのシューズを買うように気をつければいいのです。

　よくみられる極端な動きは過剰回内と回外のふたつで（前頁の図を参照）、どちらも着地のときの足の動きです。こういった極端な動きの繰り返しが、損傷の原因となります。過剰回内は、アーチが平らなままで、つま先が地面を蹴るときに足首が内側に回転しすぎる状態です。こうなると足の筋肉や腱にかかるストレスが増します。回外は、着地する直前に足が外側にアーチのように張り出すもので、回外足の人は一般に足裏の外側部で着地します。続いて足は平らに中立位になってから、外側につぶれ回転し始めます。これは足首の捻挫のような損傷の原因になることがあります。

注意する点

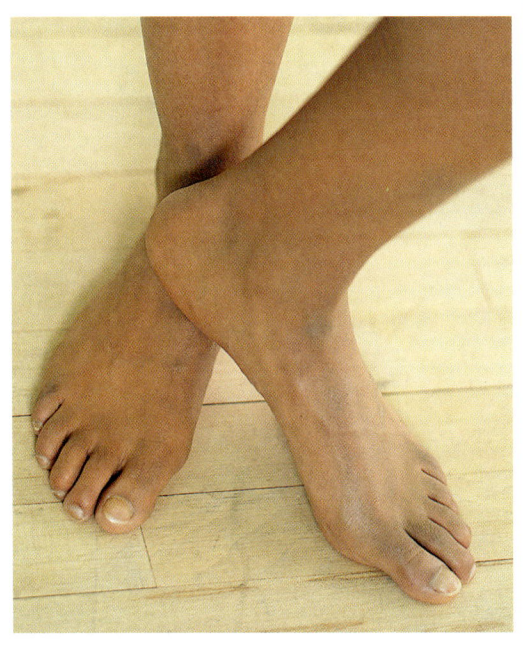

アーチ：アーチが高く痛みのある人には充分な衝撃吸収性のあるシューズが必要です。この人たちの足には回外の傾向もみられます。アーチが高くて支えのしっかりしたシューズを試してみてください。扁平足やアーチの低い人は過剰回内のことがあるので、安定性を考慮したデザインのシューズを選びましょう。

左右のサイズが違う：ほとんどの人は片方の足がもう片方より少し大きいものです。必ず大きいほうに合わせたシューズを買いましょう。

サイズの変化：何年も走っているうちに実際に足が大きくなる人がいます。これはアーチがつぶれたためかもしれません。サイズが変わったら、それに合うシューズを買いましょう。

靴底の減りぐあい：店では、あなたの足の動きのタイプを判断するために古いランニングシューズを見せてほしいと言われるかもしれません（前頁の図を参照）。古いシューズがなくてもあわてる必要はありません。はだしの足の裏を見れば同じ情報が得られます。

幅の広い足と狭い足：いろいろな幅のシューズが作られています。ブランドによっても幅や長さが異なるので、店員にアドバイスしてもらって、さまざまな選択肢のなかからぴったりの一足を選びましょう。

ランニング専門店

　自分にぴったりのランニングシューズを見つけるチャンスを最大にするには、ランニング専門店か、少なくともスポーツ専門店に行きましょう。世界中の大きな都市にはたいてい、ランニング用品を専門に扱う店があります。いい店を探すいちばんいい情報源は口コミですが、インターネットや電話帳で探す手もあります。

　どういったタイプのシューズを探せばいいのか、最初はよくわからないでしょうから、ゆっくり時間をかけて選びましょう。そこで店員のしんぼう強さとランニングの知識が大事になってくるわけです。急がせたり特定のブランドを押しつけたりするようでは失格です。自分もランニングの経験があって、ランニングの頻度や1週間の走行距離など、いろいろ質問してくれるような店員なら安心です（p.20の囲み記事を参照）。

つま先型とかかと型

　店員はあなたのフットストライクも見きわめようとするでしょう。フットストライクとはランニング中に足が着地するときのようすのことです。最初に足指のつけ根のボール部分の前面で着地するなら、あなたはトゥストライカーです。かかと、つまり足の後部が最初に地面に触れるなら、ヒールストライカーです。と言っても、どちらが正しいというものではありません。

　理論上は、胴体のどこかにある重心を、足が最初に着地する部分の真上にもってこようとするはずです。もしあなたが直立姿勢で走るなら、ヒールストライカーである公算が大きいでしょうし、前傾姿勢になりがちなら、たぶんトゥストライカーでしょう（p.86〜89を参照）。

　ほとんどの人は走るときにかかとから着地するので、ランニングシューズはかかとの包み込みを強化して安定化させる部分を備えるようになりました。この部分はヒールカウンターと呼ばれ、着地のときの足の動きを支えます。回外や過剰回内はほぼどのようなフットストライクにもみられるものです。ヒールカウンターはこれを支えてはくれますが、治してはしてくれません。いっぽう、もしあなたがトゥストライカーなら、ヒールカウンターはそれほど重要ではないでしょう。ともあれ、あくまでも履き心地が肝腎であることを忘れないでください。それによって、そのシューズがあなたの足の動きを助けているのか邪魔しているのかを感じ取ることができます。支えがありすぎてもなさすぎても履き心地はよくないので、自分にぴったりだと感じるところが、たいていちょうどいいバランスのところです。

矯正用具

もしどうしてもぴったりのシューズがない場合は、フットスペシャリストに相談して、矯正用具が必要かどうかみてもらったほうがいいかもしれません。矯正用具は靴のなかに敷くもの（成型済みか、足の形に合わせて成型する）で、ひとりひとりの問題に合うようなデザインのものがあります。慣れるには3週間くらい走ってみてください。矯正用具でとてもうまくいっている人が大勢いるものの、決して万能ではありません。もし6週間たっても矯正用具が痛く感じられるようなら、足に合わないのです。それは捨てて、もう一度、フットスペシャリストに相談してください。

成型済みの矯正用具

オーダーメードの矯正用具

ランニングシューズ

ランニングシューズの構造

ランニングシューズを買いに行く前に、その各部分について、ひととおり知っておきましょう。知識があれば、店で相談するにも話がはかどります。自分にはどういったタイプのシューズが必要なのか、それはなぜなのかを理解するのにも役立つでしょう。

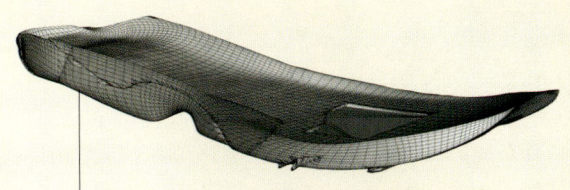

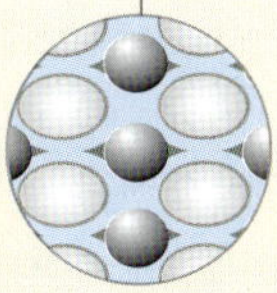

EVAの役目は？
EVAとも呼ばれるエチルビニルアセテートは小さな気泡が集まったような泡状の構造をしていて、すぐれた衝撃吸収材です。気泡がクッションになるのですが、使っているうちに気泡はつぶれてきます。使用状況にもよりますが、だいたい4～6か月でEVAはだめになります。

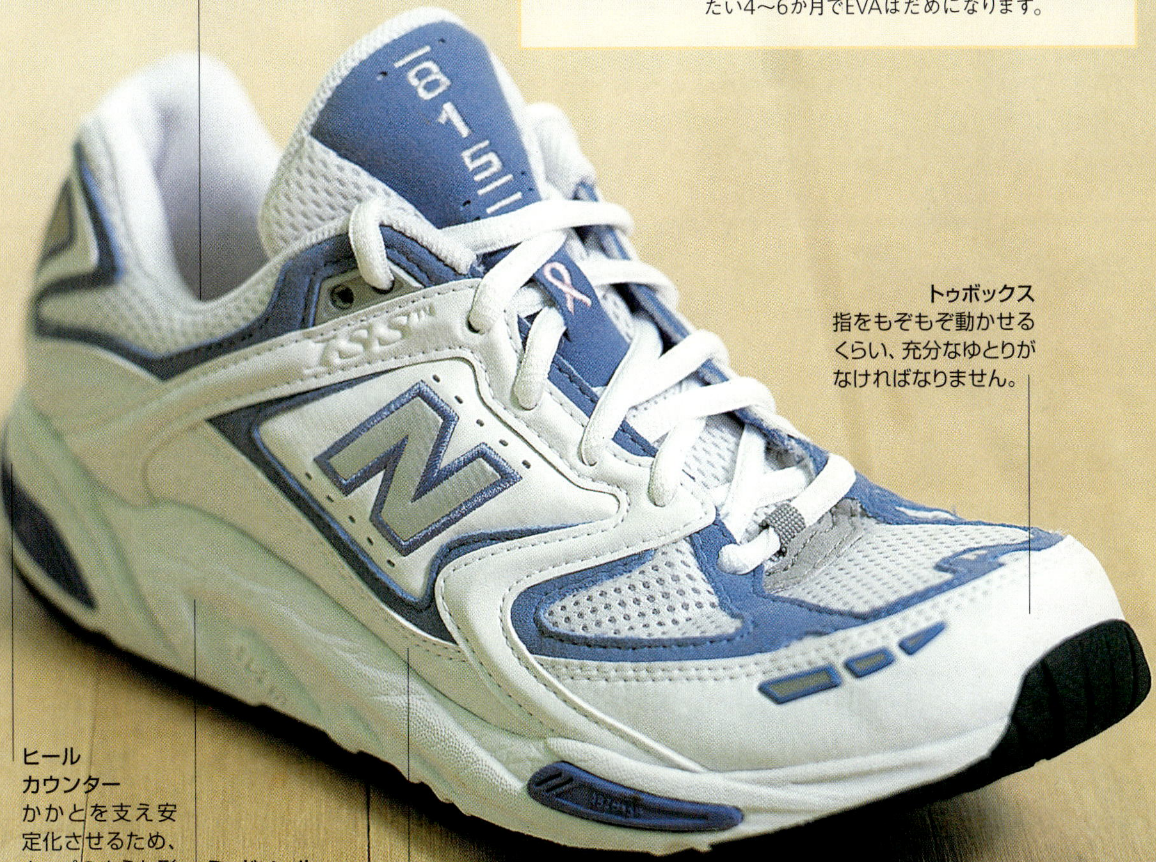

インソール
シューズの内側を形成していて、取りはずすことができます。矯正用具が必要な場合はここに敷きます。

トゥボックス
指をもぞもぞ動かせるくらい、充分なゆとりがなければなりません。

ヒールカウンター
かかとを支え安定化させるため、カップのような形になっており屈曲性はありません。ヒールストライカーにはこの部分が特に重要です。

ミッドソール
衝撃吸収と安定性を与えます。高品質のシューズではEVA（囲み記事を参照）でできています。

アッパー
シューズの大部分を構成し、ふつうは皮革か、もっと軽くて通気性のいい合成素材でできています。

アウトソール
シューズの下側すなわち靴底で、ゴムでできています。使われるゴムのタイプに応じた衝撃吸収性と耐久性が得られます。

とにかく始めよう

私のトレーニング理論はきわめて単純です。ランニングプログラムを始めるにあたり、心血管系の基礎的なコンディショニングに関連して、おぼえておいてほしい3つのポイントがあります。私はこれを「私の三の法則」と呼んでいるのですが、一定のペースをまもる、過度のトレーニングをしない、走った距離よりも時間のほうが重要であることを知る、の3点です。もしこの3つのごくあたりまえの考え方をランニング計画に組み込むことができれば、あなたのトレーニングはオリンピック選手なみと言えます。

柔軟性のための一貫性

長距離ランニングを成功させる秘訣は一貫性です。走るたびに妥当で達成可能な目標を設定し、その距離をしだいに長くすること（p.26〜27を参照）を一貫して続けていけば、努力度や時間や距離の細かな点はたいした意味を持たなくなっていきます。つまり、走ることに一貫して取り組むようになればなるほど、毎回決められた通り正確にこなすことは重要でなくなるのです。怠けずしっかり続ければ、いつものペースが自然に発展して、あなたに最適のペースになっていくでしょう。そうなれば、調子の悪い日やいい日があったり、きつい走りや楽な走りがあったりと波があっても、身体を丈夫にするという目標に悪影響を及ぼさないだけの柔軟性が持てるのです。

過酷な努力という神話

意外に思われるかもしれませんが、楽な走りこそ、あなたの健康増進に大きな役割を果たすものです。過酷な運動が最大の成果を生むというのは、実は誤解なのです。有能なコーチやランナーはとっくに、最近の研究で確かめられた事実を知っています。すなわち、基礎的なコンディショニングのためのランニングの大部分は、会話を続けられるくらいの比較的楽なペースで行うべきだということです。これを会話ペースと言います。

心血管系を丈夫にするにはランニング中に話をする必要があるというわけではありません。話ができるくらい、いつも呼吸にゆとりがなければならないということです。もしランニング中にふつうに会話が続けられなかったり、ときどき止まって深呼吸をしなけれ ばならなかったりするなら、ペースが速すぎるのです。自分の限界を試してみようとするのは人間の自然な性質ですが、多くの初心者が陥りやすい落とし穴でもあります。そういう人たちはきついトレーニングをしすぎたり速く走りすぎたりして不必要に消耗してしまい、結局、ランニングなんて無理だと投げ出してしまうのです。

トレーニングにはもっといいやり方があります。私たちはみな、身体の努力の程度を長期間にわたって正しく効果的に測る能力を生まれつき持っています。自分のしていることが身体にどの程度の負担になっているかを感じ取る力が、誰にでもあるのです。自覚的運動強度と呼ばれるこの生まれながらの才能（次頁を参照）を、ただとぎすませばいいわけです。そうすれば、その内なる声が、短期間にエネルギーを爆発させるプロチームの選手たちのやり方をまねしないように、教えてくれるでしょう。そういうのは3分くらいしか続けられませんし、そもそもあなたと違って彼らはトレーニングしているのではありません。競い合い、レースをしているのです。

ものをいうのは時間だけ

ランニングの計画を作るときは、走る距離よりも足を動かしている時間のほうが大事であることを心に留めておいてください（距離は二の次でかまいません。特定の長さのレースに向けてトレーニングするようになってはじめて、距離が重要になってきます）。走りの基礎を距離よりも時間に置けば、やりすぎに陥る心配は少なくなります。1.6キロメートルのルートを地図で決めて、それを速すぎるペースで走ったり、最初

の半分で消耗してしまって残りは歩いたりするより、楽なペースで10分間走るというシンプルな計画を立てましょう。そのためにはまず、ランニング中に自分の心臓と肺がどれくらいいっしょうけんめいに働いているかを判断する方法をおぼえる必要があります。

自覚的運動強度

自覚的運動強度（RPE:Rate of Perceived Rate）スケールということばを聞いたことがおありでしょうか。これは運動中に心血管系がどれだけいっしょうけんめいに働いているかを判断する、いちばん簡単でてっとりばやい方法です。1から10までの10段階になっていて（訳注：これは新スケール。旧スケールは6～20の15段階。）、運動中の労作レベルを誰でも正確に推定できます。1から5までは運動をしていないときの心拍数に相当し、楽に呼吸ができ、話すだけでなく歌うことさえできます。8から10は激しい運動を表します。8では会話はかろうじて可能ですが、9では会話を続けることがきわめて困難になり、10では不可能です。あなたの目標はこの尺度の6から7のあたりを維持することです。6ではわずかに息切れがしますが、話すのはかなり楽です。7になるとさらに呼吸が苦しくなってきて、話すことはできますが、話したいとは思わなくなるでしょう。

もしあなたがまったく運動しない生活をしていたのなら、10分を目標に、きびきび歩いて、途中でわずかに息切れがする状態になるかどうかをみてください。これはRPE尺度では6のレベルで、おおまかにみてMHR（p.14～15を参照）の60％に相当します。RPEレベルが6を超えたと感じたら、ためらわずすぐにペースを落としたり立ち止まったりしてください。もし何も問題なく10分間歩けたら、もう少し速く歩くか、ジョギングをしてみましょう。こうしてあなたが自分で判断したレベル6のRPEが、これから身体を鍛えていくうえでの基準となります。きっといつか、「うそみたいだけど、最初はこれくらいの速さでこれくらいしか歩けなかったんだ」と振り返る日がきます。身体が丈夫になるにつれ、レベル6でもっと速くもっと長く走れるようになるでしょう。何をめざすのかをはっきりさせ、運動中のRPEレベルの感触をつかみさえすれば、ト

会話ペース：トレーニングで走っているときは、常に会話ができる状態を維持します。もし話すことができないなら、速く走りすぎです。

レーニングを始める準備は完璧です。私のトレーニング理論のいいところは、有酸素運動のタイプを交換できることです。サイクリングをしたり泳いだり、ジムでエアロビックマシンを使ったりしても、ランニングと同じ健康増進効果が得られます。いちばん快適で自然に感じられるのは何かということだけを基準に選んでかまいません。体力がついてきたら、ほかの有酸素運動もプログラムに加えてみましょう。マンネリを防ぐだけでなく、損傷を予防する効果もあります。

初めての走り

なんでもそうですが、ランニングも、いざ外に出て走り始めるには勇気がいります。初めてのときには特に、誰でも気後れがして、つい尻ごみしてしまうものです。けれども、あなたの身体のなかにはやる気と、この新しい活動に順応するだけのパワーがあるはずです。無理のない目標を自分で設定し、最初から一貫したペースで走り続ければ、身体がひとりでに慣れていって、どんどん楽に気持ちよく走れるようになります。そしてすぐに、走るのが楽しくてたまらなくなるでしょう。

成功する目標設定

初めてのランニングに出発する前にまず、トレーニングの最も基本的な原則を学びましょう。ランニングを成功させる目標設定についての原則で、年齢や性別、能力にかかわりなく誰にでもあてはまるものです。私の大学時代の指導教官でランニングコーチでもあったロバート・ギーゲンガック——私は「ギーグ」と呼んでいたものです——は、トレーニングとレースの目標は常に、どんなことがあろうとも常に、無理がなく、達成可能で、しだいに大きくなるように設定すべきだと教えてくれました。私はこれまでのランニング人生、いつもこれを呪文のように唱えながら目標を決めてきました。この3つの単純な考え方を取り入れて目標を設定すれば自分が自分のコーチになれる、それがギーグの教えでした。今度は私がみなさんに、それをお伝えしようと思います。

無理がなく、達成可能で、しだいに大きくなる目標

初めて走る日のために無理のない目標を設定する際、スピードやフォームのことに頭を悩ます必要はありません。大事なのは時間です。何分でも、気持ちよく「余裕を持って」走れるぶんだけ、軽くジョギングすることをめざしましょう。最初はそれほどがんばらなくていいのだということを忘れずに、必要ならスピードを落としたり歩いたりするのをためらわないでください。

明らかに達成可能な目標を設定しましょう——達成可能とは、やりぬけると自分でわかっているという意味です。RPEレベル6では、もしかするとたった5分のジョギングということになるかもしれません。けれども、終えたときにまだ体力が残っていると感じれば次回は少し増やすというふうにしていけばいいのです。トレーニングの基準を自分で設定しているのだということを忘れないでください。大事なのは初回の目標を達成すること、そしてもし可能なら次はほんの少し上乗せすることです。こうして小さな目標達成を重ねていくことで自信がつき、ランニングを続けていく勇気が湧いてきます。目標を大きくしていく際には、毎回ランニングにかける時間を少しずつ増やしていきます。そうすればやがて、走れるとはとても思えなかったような長い距離を走っている自分に気づくでしょう。

目標設定：目標は常に、無理がなく、達成可能で、しだいに大きくなるように設定しましょう。自分のトレーニングの基準を決めるのは、あくまでも自分です。

長期の目標は？

　無理がなく達成可能で少しずつ大きくなる日々の目標とは別に、心の片隅にでも、長期の目標も持ちましょう。体重を減らす、体調をよくする、身体を丈夫にするなど、さまざまな目標が考えられます。ただし、その目標にこだわるあまり、日々の小さな目標をおろそかにしないように気をつけてください。初心者なら、週に3回、30分走れるところまでいくというのが、大きな目標としては無理のないところでしょう。今はとてもたいへんそうに聞こえるでしょうし、そのレベルに達するにはもちろん必要なだけ時間をかけていいのですが、もしあなたが日々の目標に一貫してとりくみ続ければ、いつかきっと到達できます。

2週間、2か月の法則

　もしあなたがランニング初心者なら、走るという動きに身体が慣れていないため、初めは少々違和感があるかもしれません。これは正常なことで、走るとどういう感じがするか、身体や筋肉が「忘れて」いるせいなのです。オリンピック選手でさえ、休暇をとった

長期のために短期を考える：週に3回30分走るというような長期的目標を達成するためには、小さな目標の設定から始めましょう。

あとで走り始めるときは、身体が目覚めるような感覚を味わうものです。この新しい活動に身体が慣れるための時間をみてやらなければなりません。だいたい2週間くらいかかります。

　この調整期間中、体内では筋肉記憶と呼ばれる神経パターンの発達が起こっています。簡単にいうと、筋肉を訓練してランニングの動きを「おぼえさせて」いるのです。走れば走るほど、筋肉が訓練されて動きを「おぼえ」、身体がその動きを自然に感じるようになるわけです。

　2か月もたつと筋肉記憶がランニングに充分適応するので、身体には新しいことに挑戦する準備がととのいます。あなたのランニングはいよいよこれからよくなっていくのです。この調整期間を私は2週間と2か月の法則と呼んでいます。新しい活動に慣れるための2週間と、それを土台に前進するための2か月です。

目標設定の指針

調子のいい日もあれば悪い日もあります。心と身体両方の調子に合わせて、目標を決めましょう。

外へ出て走り出す直前に、明確で達成可能な目標を設定しましょう。その日の調子はその日になってみなければわからないものです。

計画には柔軟性を持たせ、準備ができていないと感じるとき無理に走るのはやめましょう。走っているあいだも体調に気をくばり、5分刻みに目標を設定しましょう。

トレーニングのなかほどで、もっとレベルをあげたいか、それとも中止したいかを決め、もし体力が万全だと感じたら、一度に5分ずつ増やしましょう。週に3回、30分続けて走れるようになるまでトレーニングしてみましょう。ただし、このレベルに達するまでに必要なだけ時間をかけてかまいません。

グループランニングの利点

　トレーニングを始めて早いうちにランニング仲間をみつけられれば、最高です。グループでトレーニングすればいろいろな意味でいいことがあるからです。もし誰かランニングをしている人を知っていて、その人が辛抱強そうな人だったら、一緒に走ってくれるように頼んでみましょう。ごく初歩的なレベルのうちは、ランニングのグループやパートナーがいれば励みにもなり、精神的な支えにもなります。チームという要素が加われば、みなの期待を裏切るまいとしてがんばるようになるでしょう。特に女性は、ひとりで走るよりも安全です。

グループと会話ペース

　グループで話しながら走れば、心血管系をじょうぶにするのに最適なスピードである会話ペースを維持できます。会話のなかで、分離とい
う状態についての知識も得るでしょう。これは、今いるのとは別のどこかにいるような気持ちになることです（分離についての詳細はp.111を参照）。楽々と走っているときは、分離して、別の場所や状況にいるかのように想像してみるのも楽しいものです。とてもリラックスできるうえ、時間が早くたちます。

理想のパートナー

　パートナーに最適なのは、あなたと同レベルかわずかに上の人です。ほぼ同じ能力の人と走ることは心身両面でとても助けになるものですが、ランニングのパートナーは何をおいてもまず、辛抱強い人であることが肝腎です。レベルがあがるには時間がかかることや、肉体的にも心理的にも調子のいい日と悪い日があることを理解している人でなければなりません。よいパートナーは、相手の調子が悪いときにはちゃんと気づいて、快く待ってくれます。

　調子の悪い日に互いに支え励ましあうだけでなく、相手のリズムに同調して、互いに牽引役を果たせることにも気づくかもしれません。後に続く走者は前の走者のペースに同調する傾向があります。強い走者に引っ張られて、もうひとりがより速く走るわけです。

　適当なパートナーがすぐに見つからなくても心配することはありません。ランニングのパートナーやグループは自然に互いを見つけあうようですが、時間と少しばかりの努力が必要なこともあります。探すなら、ランニング専門店やヘルスクラブ、ジム、コミュニティセンターなどがいいでしょう。

恥ずかしがり？　遅すぎるのが心配？

　一般に、ランニングをする人たちは新しいメンバーを歓迎してくれるものです。経験を鼻にかけるようなことはありませんので、安心してグループに参加しましょう。ショートパンツにTシャツ、ランニングシューズという「お決まりの格好」も、互いのわけへだてをなくす大きな要素です。私の長年のランニング経験からいっても、その人の教育程度や財政的な豊かさ、社会的成功の度合いと走るときの服装とは、まったく関係がありませんでした。

レースではありません：パートナーにはなによりもまず辛抱強い人を。もしそうでないなら、別の人を探すこと。

ループを走る：途中でやめるのは恥ずかしいことではありません。もう充分と感じたら、自由に抜けていいのです。残りの人たちはそのまま走り続けるでしょう。

成功の秘訣はループ

　私たちはひとりひとり個人差があります。ですからグループで走るときには、大きな円やA地点からB地点までの直線のコースより、ぐるぐる輪を描くループ状に走るようにしましょう。スピードは大事な要素ではありませんから、誰でも自分の限界に達したらやめられるように、いくつかのループからなるコースを走り始めるのです。限界というのはここでは「エネルギーの割り当て分」の意味で、その日の分としては充分に運動したと自分でわかる地点のことです。こうすれば、ほかの人たちと走っていても自分なりのレベルのランニングができます。充分だと感じたらそこであなたはストップし、パートナーは走り続ければいいのです。よいランニンググループは、トレーニングが競争ではないことを理解しています。慣れたループを走るのはよい本を読むようなものです。引き込まれて夢中になると、時間のたつのが速く感じられます。グループで走るときに慣れたループを使えばルートをたどるのに神経を集中する必要がなく、心も会話も自由にはばたかせることができます。走るのがいっそう楽になり、時間は飛ぶように過ぎるでしょう。

テクニックと安全

ここまでで、達成可能な目標の設定から会話ペースの見つけ方や理想的なパートナーの探し方まで、ランニングを始める際の基本的なことがらはすべて学びました。ここから2頁は、あなたの新しいランニング計画に安全に慣れていくためのささやかな、けれどもとても大事なヒントを述べましょう。ランニングの新しい日課を始めるときは以下のアドバイスを取り入れて、成功のチャンスを最大に、損傷のチャンスを最小にしてください。

ルートと路面

多くの人が、ランニングは瞑想的なスポーツだと考えています。ひとりで考えにふける時間が持てるからでしょう。そのためには、快適でよく慣れたルートになりそうな道を探す必要があります。大きな通りを横切るのはできるだけ避けたほうがいいでしょう。一定のループをめぐるのが最適です。地元の競技場のトラックを往復してもいいでしょう。そういった環境ならコースを確かめたり車をよけたりするのに気を使う必要がないので、ときおり、安心して心をさまよわせることができます。来る日も来る日も決まりきったやり方を繰り返すようになったら、損傷を避ける意味で少しだけルートに変化をつけてみましょう。ルートを3つ決めておいて順繰りに使ったり、ループをときには逆向きに走ってみたりするのです。ランニング損傷のほとんどは使いすぎによるものであること、またランニング中の痛みは何か具合の悪いしるしであることを心に留めておいてください。痛みを無視すると損傷がいっそう進みます。

足がコンクリートを蹴る衝撃は身体に大きな負担となりますので、草や土の道、屋内や屋外のスポーツ施設など、柔らかい路面のルートを走るようにしましょう。こういった路面は弾力があります——足よりも路面が、衝撃を多く吸収してくれるのです。縁石にあがったり飛び降りたりする際の衝撃も、骨格系の損傷を引き起こすことがあるので避けてください。とはいうものの、ランニングの衝撃は路面やルートにかかわりなく損傷を与えることがあり、身体は痛みを通じてそれを教えようとします。すぐにその衝撃の繰り返しをストップし、回復する時間を与えてやれば、疲労が危機的な地点に達することはないでしょう。

初心者のためのテクニックと呼吸法

唯一の正しいランニングテクニックというものはありません。ランニングは直感的で常識的なスポーツです。子供のころから走り方は本能的に知っていたはずですし、今後も、走ることについて悩む必要などありません。もしランニング中に痛みや不快感を感じるなら、身体がその走り方を嫌がっているということです。自分がいちばん快適だと思うやり方で走ればいいのです。それがあなたの正しいフォームです。

テクニック同様、呼吸も常識的なことがらです。こ

理想的な路面：土や草など、衝撃をいくらか吸収してくれる路面を走り、ときどきルートや路面に変化をつけるようにして、損傷を防ぎましょう。

テクニックと安全　31

れまで読んだり聞いたりしていたことは忘れてください。あなたは生まれてからずっと呼吸してきたのです。それよりもいいやり方を教えられる人は誰もいません。いずれにしろ、いちばん効果的に酸素を肺に取り入れられる方法が、あなたにとって最適の呼吸法です。

回復のための時間をとりましょう

多くのランナーが犯しがちな誤りは、あまりにも多く、あまりにもすぐに走ることです。最初の2週間は、心血管系がこの目新しい、というよりはたぶん忘れていた動きと、それが身体にもたらすストレスに順応しなければなりません。ですから、最初は徐々に始めて、回復のための時間をとることがどうしても必要です。身体を建て直し、傷ついた筋肉や組織を修復す

最初の走りは楽に：最初のうちは、穏やかで楽な走りを心がけ、あいだに充分な休息日を挟んでください。そうすれば身体が完全に回復できます。

るための時間です。ランニングを始めるなら、楽に走って、次の日は走らない、つまり休日とするのが経験に基づく最高の法則です。こうして最初のうちは、何年ぶりかで、走っては回復、の繰り返しを経験することになります。けれども、時がたつにつれ、もっとすばやく有効に回復するようになるでしょう。

初心者のためのプログラム

これで基本的なことはすべて学びました。いよいよトレーニング開始です。この段階で重要なこと、それは実はこの先もずっと重要なことなのですが、現在の体力レベルを徐々に改善していくことです。いつも会話ペースで走り、充分な休息日を挟んでください。今のところは、距離ではなく時間をよりどころに、無理がなく達成可能で、少しずつ大きくなる目標を設定しましょう。右にあげたプログラムはあくまでもひとつの例で、この通りにしなければならないというものではありません。

1〜4週目
完走できるとわかっている目標を設定して、短時間の走りから始めます。楽に感じる長さから始めて、走る時間をゆっくりと増やしていきましょう。最初の2週間は、2週間と2か月の法則（p.30を参照）を思い出してください。つまり、ランニングに身体が順応するには2週間くらいかかるということです。

5〜8週目
この期間で、プログラムに慣れるようにします。走る動きが楽に行えるようになり、ランナーズハイを経験するかもしれません。2週間と2か月の法則によれば、8週間（およそ2か月）後には、あなたの身体は次のレベルに進む準備ができているはずです。

週	日曜	月曜
1	軽いジョギング、10〜15分	休息日
2	軽いジョギング、12〜17分	休息日
3	軽いジョギング、14〜19分	休息日
4	軽いジョギング、16〜21分	休息日
5	軽いジョギング、18〜23分	休息日
6	軽いジョギング、20〜25分	休息日
7	軽いジョギング、22〜27分	休息日
8	軽いジョギング、25〜30分	休息日

火曜	水曜	木曜	金曜	土曜	合計
軽いジョギング、10〜15分	休息日	軽いジョギング、10〜15分	休息日	休息日	30〜35分
軽いジョギング、12〜17分	休息日	軽いジョギング、12〜17分	休息日	休息日	36〜51分
軽いジョギング、14〜19分	休息日	軽いジョギング、14〜19分	休息日	休息日	42〜57分
軽いジョギング、16〜21分	休息日	軽いジョギング、16〜21分	休息日	休息日	48〜63分
軽いジョギング、18〜23分	休息日	軽いジョギング、18〜23分	休息日	休息日	54〜69分
軽いジョギング、20〜25分	休息日	軽いジョギング、20〜25分	休息日	休息日	60〜75分
軽いジョギング、22〜27分	休息日	軽いジョギング、22〜27分	休息日	休息日	66〜81分
軽いジョギング、25〜30分	休息日	軽いジョギング、25〜30分	休息日	休息日	75〜90分

準備運動と
レジスタンス
トレーニング

準備運動や補強運動なんて、ランニングのための貴重な時間とエネルギーのむだ使いだ。そんなふうに考えてはいませんか？
完璧でバランスの取れた身体になるにはこういった運動がぜひ必要です。そのような身体になってこそ、満足のいくランニングができるのです。ただしこれらの運動は痛みを伴うものであってはなりません。ストレッチをするとき痛みがあってはいけませんし、もし痛いようなら、どこであれストレッチしてはいけません。

ウォームアップ

朝起き上がるときに身体のこわばりを感じたことのある人なら誰でも、運動を始める前にウォームアップの必要なことがわかるはずです。身体に突然激しい動きをさせようとすると、こわばりやひきつり、さらには損傷といった好ましくない結果を招きがちです。運動の前にウォームアップをすれば、激しい運動によるストレスに身体が徐々に慣れていきます。動かしている筋肉への血流が増えて筋肉が文字通りウォームアップし（温まり）、柔軟になるからです。

私のウォームアップ

　筋肉が冷たくて硬いと引っ張りに弱く、損傷を起こしやすいので、ウォームアップはどんな運動にとっても欠かせないプログラムの一部です。損傷を防ぐ最高の方法のひとつなので、運動の前にはいつも、そのための時間をとるようにしましょう。ウォームアップせずにストレッチをしてはいけません。冷たいままの筋肉は裂けやすく、損傷を起こすおそれがあるからです。ランニングのために筋肉をウォームアップしストレッチするいちばんいい方法は、早足で歩くか非常にゆっくりジョギングすることです。こうすれば動きの範囲がランニングよりも制限されています。最初はこのペースを維持し、しだいにスピードをあげて、5分から10分でトレーニングのペースにもっていきます。とはいうものの、ここは常識と生理学との兼ね合いが大事です。ウォームアップに、ゆっくりしすぎということはありません。自分にとっていちばん自然に感じられる方法でやりましょう。

　ウォームアップのペースは、自分の会話ペースより20％遅めが適当です。RPE（p.25を参照）レベルでい

運動のあとには必ずストレッチをし、ウォームアップの前には決してしないこと。ランニングの前にストレッチをしなければ気がすまないなら、必ず5〜10分の軽いジョギングでウォームアップしてからにしましょう。

えば5程度で、ごくごく軽い運動に相当します。MHRの40％と表現することもできます（式については囲み記事を参照）。わずかに息切れがすることもある、というくらいのペースです。いつものトレーニングをこれくらいペースを落として行えば、いちばん自然に無理なく、ランニングのために筋肉を柔らかくすることができます。

　重要なのはスピードではないことをくれぐれも忘れないように――ものをいうのは運動強度のレベルです。ウォームアップのためのウォーキングやジョギングで血流や循環、心拍数が増せば、そのときこそ、ペースをあげる準備が整ったことになります。もっと速くと直観が告げるときが、そうしてもいいときなのです。

ウォームアップ公式

理想的なウォームアップのペースと強度は、自分のMHRの40％です。計算するには下記の式を使います。

MHR＝220−年齢

ウォームアップの心拍数とペース＝MHR×0.40

人体

自分の身体の構造を知りましょう。下記の図を参考に、筋肉や腱、骨がどのようにつながりあっているのか、学びましょう。

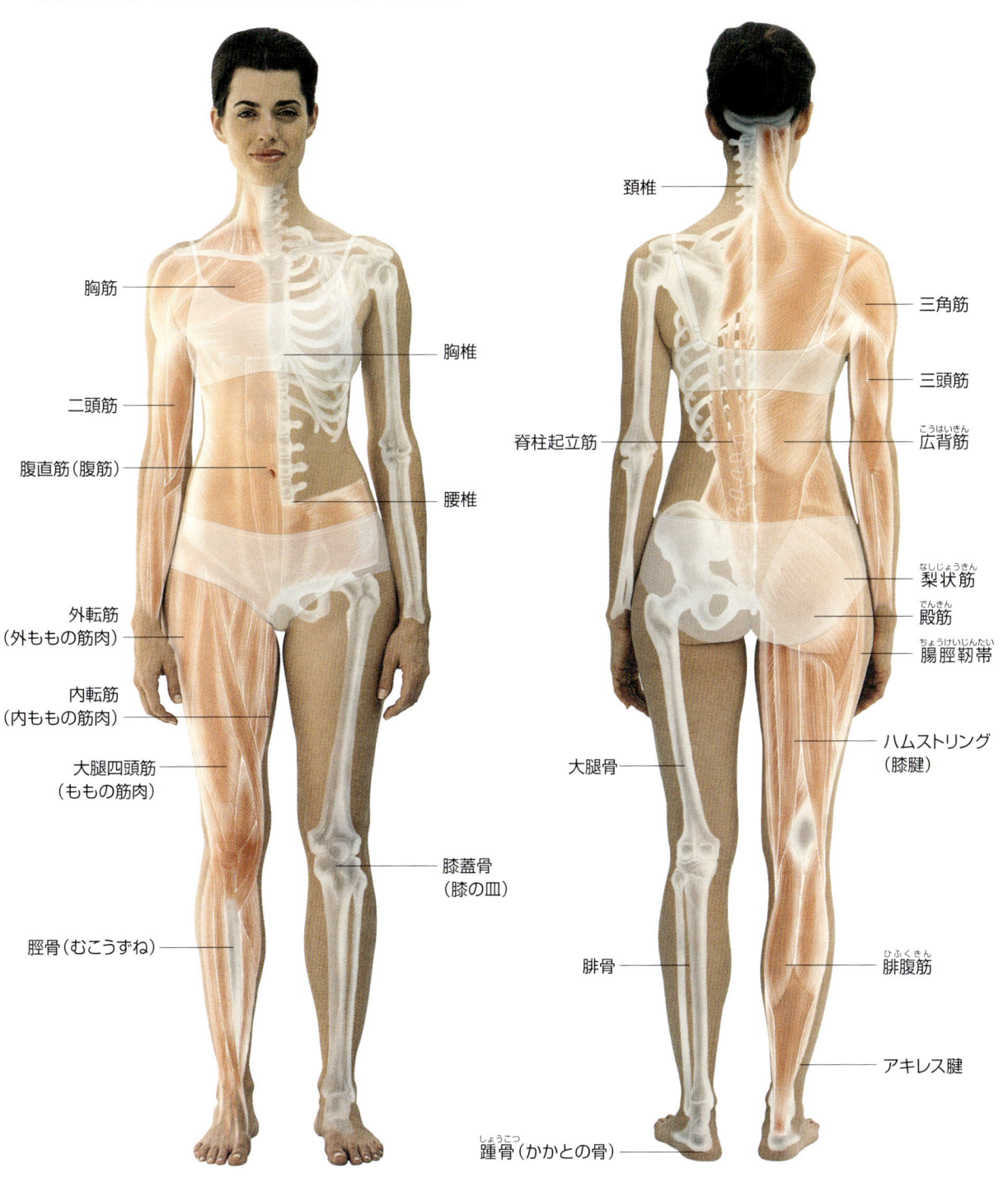

- 胸筋
- 二頭筋
- 腹直筋（腹筋）
- 外転筋（外ももの筋肉）
- 内転筋（内ももの筋肉）
- 大腿四頭筋（ももの筋肉）
- 脛骨（むこうずね）
- 胸椎
- 腰椎
- 膝蓋骨（膝の皿）
- 踵骨（しょうこつ）（かかとの骨）

- 頸椎
- 脊柱起立筋
- 大腿骨
- 腓骨
- 三角筋
- 三頭筋
- 広背筋（こうはいきん）
- 梨状筋（なしじょうきん）
- 殿筋（でんきん）
- 腸脛靭帯（ちょうけいじんたい）
- ハムストリング（膝腱）
- 腓腹筋（ひふくきん）
- アキレス腱

クールダウン

クールダウンはあなたのランニングプログラムの重要な一部です。筋肉から乳酸を追い出し、心拍数を徐々に安静時に戻し、身体がふだんの平衡状態を回復する手助けをします。長さは自由ですが、3分以下ではいけません。トレーニングを終えたところであろうと過酷なレースのゴールを踏んだところであろうと、私はいつも最低3分は、ごくゆっくりジョギングして身体を回復させることにしています。

初心者のクールダウン

3〜5分、ゆっくりジョギングするかウォーキングをすれば、初心者には充分なクールダウンとなるでしょう。これによって脈拍がしだいに安静時のレベルに戻ります。ランニング中に会話ペースを維持していたのなら、無酸素運動状態にはなっていないはずです。有酸素運動ゾーンでトレーニングしていたのですから、無酸素トレーニングの副産物である乳酸が筋肉に蓄積していることもないでしょう。したがって、クールダウンのためのジョギングやウォーキングがどうしても必要というわけではないのですが、習慣にすることはいいことです。

楽な走りのあとのクールダウン

上記の指針は、中級や上級のランナーが楽な会話ペースのランニングを終えたときにもあてはまります。どちらの場合も有酸素運動ゾーンでトレーニングしたので、過酷な無酸素運動に伴う有毒な副産物が体内にできていません。このような場合のクールダウンは、ただ身体をしだいに休めて正常状態に戻してやるためのものです。

過酷な走りのあとのクールダウン

トレーニングが過酷になればなるほど、本格的なクールダウンが必要になります。長距離走(90分以上)、インターバルトレーニング(p.110〜15を参照)、ヒルトレーニング(p.116〜17を参照)、レースなどの過酷な運動はすべて、ある時点で無酸素運動になることがあるので、少なくとも10分間はゆっくりジョギングして充分にクールダウンすることが絶対に欠かせません。

無酸素レベルでトレーニングするということは、筋肉が乳酸やフリーラジカルを始めとする有害物質を生産するということです。これらはどれも筋肉痛の原因になります。

過酷なトレーニングのあとのクールダウンは、こういった運動の副産物を追い出して筋肉痛を防ぐために欠かせないものです。そうしないと、使いすぎによる損傷から運動後のこわばりまで、さまざまな不快な結果をもたらしかねません。また、遅発性筋肉痛(DOMS：Delayed Onset Muscle Soreness)と呼ばれる状態の原因になることもあります。これは過酷な運動から2日もたってから起こる筋肉の痛みと不快感です。

クールダウンのためのヒント

かなりペースを落とすように感じるかもしれませんが、それを徐々に行うのが鍵です。いちばん快適に感じられるペースが、おそらくあなたにとって理想的なクールダウンのペースでしょう。もしもっと具体的な数値が知りたいなら、ウォームアップの公式(p.36囲み記事を参照)を使えば、自分のクールダウンの開始点がわかります。そこから、ゆっくりとペースを落としながらクールダウンのコースを終えればいいのです。そのあと、40〜47頁のストレッチを好みの順番で行いましょう。

クールダウン：ランニングはいつも、少なくとも3分間、ゆっくりジョギングして締めくくりましょう。過酷な運動やレースのあとは最低10分間、ゆっくりジョギングしましょう。

クールダウン 39

ハムストリングとふくらはぎのストレッチ

脚のうしろ側の筋肉や腱を柔らかくしておくことは、損傷を避け、最高の走りをするために欠かせません。次にあげるストレッチはこの部分を対象とし、ハムストリングとともに、腓腹筋とそれに隣り合うアキレス腱を伸ばします。ここが柔軟になれば脚が大きく動くようになり、その結果、なめらかに走れるようになります。

1 床に腰をおろし、両脚を上体と直角になるように前に伸ばします。両腕をリラックスさせ、膝の裏側をマットに押しつけます。

2 背中をまっすぐにして上体を伸ばしたまま前にゆっくり倒し、太ももの裏側のハムストリングが引き伸ばされるのを感じとります。両腕を前にのばしてつま先をつかみます。必要なら膝を軽く曲げてもかまいません。ハムストリングだけでなくふくらはぎのうしろ側も引き伸ばされるのを感じるでしょう〔いっそう効果をあげるには、つま先をつかむときに膝を曲げないようにします〕。この姿勢を5～10秒維持してから、力を抜きます。これを2回繰り返します。

背中をまっすぐに

ここが伸ばされるのを感じる

ここが伸ばされるのを感じる

腰、背中、体側部のストレッチ

このストレッチは、背中や腰の筋肉も含め体側部の筋肉の緊張を取るだけでなく、もものつけねの肉離れを防ぐのにとても効果があります。また腹部の筋肉が緊張しているとランニング中の「さしこみ」つまりわき腹の痛みの原因になることがありますが、このストレッチはその緊張をゆるめるのにも役立ちます。

1 脚を広げてマットに腰をおろします。左脚をまっすぐに伸ばしたまま、右脚をゆっくりと曲げて身体に引きつけます。

2 伸ばした脚のほうに身体をねじり、両手をふくらはぎにそってできるだけ遠くまで伸ばします。伸ばした脚に胸と胴をできるだけ近づけ、腰、背中、胴の右側と、左ももの内側が引き伸ばされるのを感じましょう。この姿勢を5〜10秒維持してから、力を抜きます。左右を取り替えて行います。どちら側も2回ずつ繰り返しましょう。

胸を脚のほうに寄せる

ここが伸ばされるのを感じる

ここが伸ばされるのを感じる

腰のストレッチ I

ランニングは腰の筋肉や殿部の深いところにある梨状筋の緊張をもたらすことがあります。梨状筋が炎症を起こすと、腰の坐骨神経を圧迫して腰痛の原因となる場合もあります。この痛みをやわらげ周囲の筋肉をゆるめるのに最も効果的なのが、次のストレッチです。

1 脚を前に伸ばして腰をおろします。上体をまっすぐ起こしたまま、右脚を曲げて左脚のももに交差させます。右脚の膝のところを抱えて支えます。

ここに手をあてて膝を支える

2 下半身を動かさないようにしながら、上半身を右にねじります。右手を身体の後ろの床についてバランスをとり、左肘を右膝の外側にあてます。左肘を右足に押しつけて、梨状筋のストレッチを最大にします。この姿勢を5〜10秒維持してから休みます。脚を替えて、片側2回ずつ繰り返します。

上半身をねじる

ここが伸ばされるのを感じる

腰のストレッチ II

ランナーは腰の徹底的なストレッチの重要性を軽視しがちですが、これは梨状筋が張りつめていても初めは症状が現われないことがあるからでしょう。このストレッチは腰のストレッチ I（前頁を参照）よりも深いところまで、梨状筋に働きかけますが、あくまでもストレッチIIに追加して行うもので、代わりとして行うものではありません。これらふたつのストレッチを行えば、梨状筋が短縮して張りつめることはありません。

1 膝を曲げてあおむけに寝ます。右脚を横に曲げ、足首の外側を左膝のすぐ上にあてます。

2 両手を左ももの裏側にあてて、胴体のほうに引きつけます。このとき両脚とも床から持ち上がります。この複雑な動きで、腰だけでなく殿部と背中の下部も引き伸ばされます。この姿勢を5〜10秒維持してから、休みます。脚を替え、片側2回ずつ繰り返します。

脚を身体に引きつける

ここが伸ばされるのを感じる

横になっての大腿四頭筋ストレッチ

この深いストレッチは、大腿四頭筋と呼ばれるもも上部前面の筋肉に働きかけます。ランニング中に身体を前方に押し出すには、この四頭筋が大きな役割を演じます。ですから、この部分を正しくストレッチして、筋肉に蓄積して痛みの原因になりかねない乳酸やフリーラジカルなどの有害物質を追い出すことが必要です。

1 左を下にして横になり、片方の脚をもう片方の上に載せます。左肘で身体を支え、右手を身体の前の床についてバランスをとります。身体を伸ばしてまっすぐに保ちます。

2 右脚を後ろに持ち上げ、右手で足の甲を持ちます。この足を身体に引きつけて、ふくらはぎをハムストリングに押し当て、右腰をわずかに前方に押し出します。右ももの前面に強いストレッチを感じるはずです。この姿勢を5～10秒維持してから力を抜きます。左右を替えて、片脚2回ずつ繰り返します。

腰の上部を前方に押し出す

ここが伸ばされるのを感じる

壁を利用したふくらはぎストレッチ

これはアキレス腱と、腓腹筋とも呼ばれるふくらはぎの筋肉のすぐれたストレッチ法です。ふくらはぎの筋肉は身体のなかでも最強の筋肉のひとつで、ランナーはしばしば、この部分の緊張による肉離れに苦しみます。この動きは足のアーチのストレッチにもなりますが、ここはストレッチプログラムで見逃されやすい場所です。

1 壁に向かって立ち、壁から約30cm離れます。右足を前に出して、つま先を壁にあてます。

2 体重を右足のつま先にかけながら、上体を壁のほうに倒します。体重を壁にかけ、後ろ足を使ってストレッチを強めます。このストレッチを行う際には、はずみをつけないように気をつけてください。壁に近いほうの脚のふくらはぎに強いストレッチを感じるはずです。この姿勢を5〜10秒維持してから、力を抜きます。脚を替えて、片脚2回ずつ繰り返します。

後ろ足で前方に押し出す

ここが伸ばされるのを感じる

三頭筋ストレッチ

上半身のストレッチの大事さを忘れないでください。この部分に緊張を溜め込んでいても気づかないランナーが多いのです。レジスタンストレーニングをプログラムに取り入れるつもりなら、このストレッチがいっそう重要になります。上腕のうしろ側にある三頭筋のストレッチです。

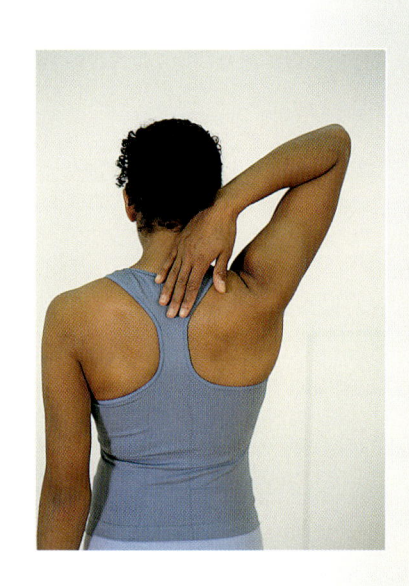

1 右手をあげて頭の上から後ろにまわし、肩甲骨のあいだに触れます。

2 左手をあげ、右肘をつかんで押し下げます。この姿勢を5〜10秒維持してから休みます。腕を替え、片側2回ずつ繰り返します。

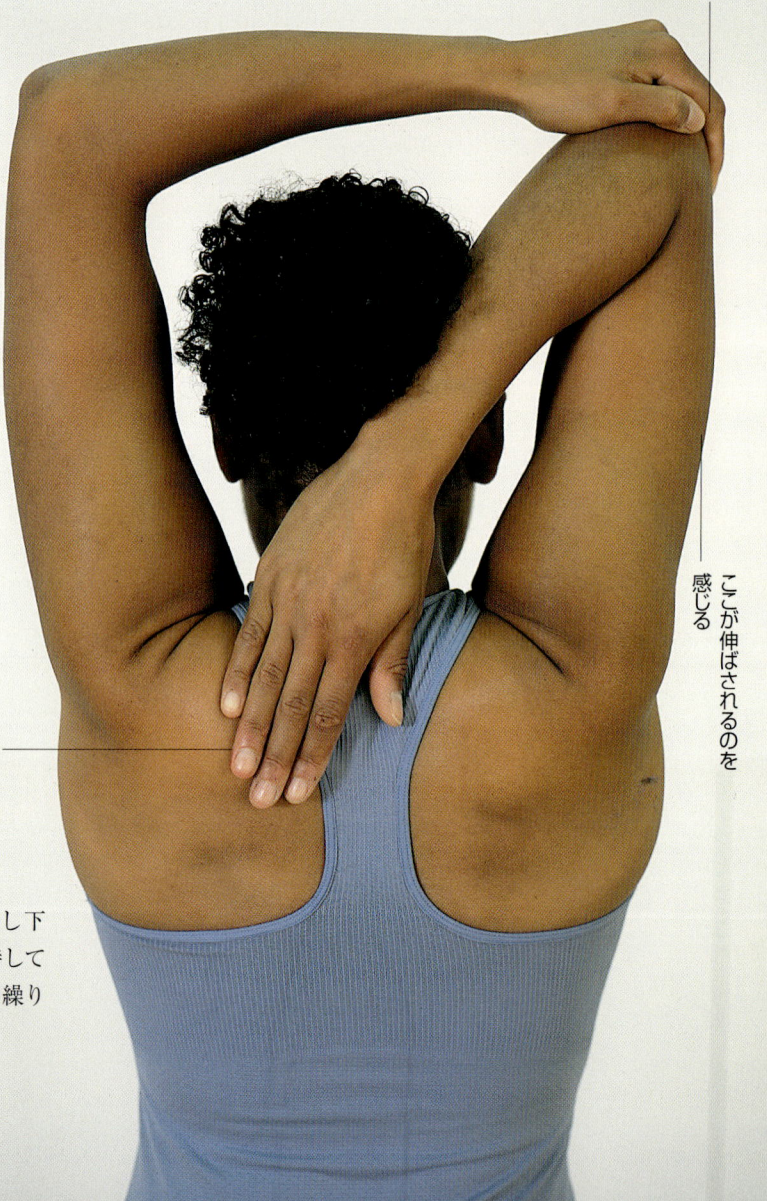

反対側の手で内側に引く

手を肩甲骨のあいだに伸ばす

ここが伸ばされるのを感じる

背中のストレッチ

このストレッチは、背骨の両側に走っている脊柱起立筋をゆるめるのに役立ちます。腰をリラックスさせる効果もあります。もしこういった部分の筋肉の緊張に悩まされているなら、このストレッチを毎日行うといいでしょう。その場合は、背中を強化するための伸展(p.57を参照)も、これに替えたほうがいいでしょう。でないと緊張をますますひどくするおそれがあります。

脚は90度に曲げる

1 あおむけに寝て膝を胸のほうに引きつけ、90度まで曲げます。両腕は身体の横に置き、腰を平らにして背骨をマットに押しつけます。

2 両手を両膝の裏にあて、ももを胸に引き寄せます。背中がマットに押しつけられるでしょう。この姿勢を20～30秒維持してから、力を抜きます。2回繰り返します。手をはなして、脚をゆっくり床におろします。

ももを身体に引きつける

性 # レジスタンストレーニングとは

年齢にかかわりなく、レジスタンストレーニングをランニングプログラムに取り入れることがだいじです。といっても、こみいったプログラムを毎日こなす必要はありません。ランニングと同じで、完璧を期すよりも一貫して続けることが重要です。手始めに、50〜57頁のトレーニングを勧めます。この8つのエクササイズを好みの順序で、週に3回または1日おきにやってみましょう。

なぜレジスタンストレーニングをするのか？

強い長距離ランナーのほとんどは、ランニングプログラムを補強するためにレジスタンストレーニングを用いています。それによって特に下半身の筋力がつけば、レース中に優位に立てます。つまり、筋肉がもっと強ければ最後の400メートルでもう少しスピードが出せるし、無酸素運動の原因となる筋肉疲労も遅らせるというわけです。こういった恩恵を期待できるのはプロのランナーにかぎりません。初心者でも、レジスタンストレーニングを使えばずっと満足のいく走りができるようになります。

バランスをとって損傷を避ける

レジスタンストレーニングのもうひとつの利点は身体のバランスがよくなることです。ランニングも日常の身体的なストレスも、健全なバランスを乱す原因になりかねません。たとえば大腿四頭筋とハムストリングのように互いに拮抗する筋肉の相対的な強さは、ある一定の範囲内にあることが望ましく、この場合はおおざっぱに、大腿四頭筋が60％でハムストリングが40％という比率になります。この比率を維持すればどちらかいっぽうだけがランニングの衝撃をまともに受けることがないので、損傷へのよい防御策になります。

レジスタンストレーニングは身体の左右のバランスを50％ずつに保つのにも役立ちます。これも同じような理由で、損傷を防ぎます。バランスのとれた体形は損傷を防ぐだけでなく、見た目にもすばらしいものです。

レジスタンストレーニングの効果

ウェイトトレーニングはあなたのランニングプログラムの補強に最適の運動です。ここにあげたのはその効果のほんの一例です。

- 魅力的な流れるようなラインの身体をつくる。
- 基礎代謝率をあげる。
- ランニングのペース全体をあげる。
- 年齢に伴う筋肉の萎縮を遅らせる。
- 関節のまわりの筋肉を強化し、筋肉の強度のバランスをとることによって損傷を防ぐ。
- 姿勢がよくなり、筋肉の衰えが防げる。

年齢にかかわらずスマートになる

レジスタンストレーニングをすればすぐに身体が引き締まってきます。誰でも、年齢とともに筋肉は萎縮します。これは比較的活動的な生活を送っている人にも避けようのない現実です。35歳を過ぎると男性も女性も10年につきおよそ1.4kgの割りで筋肉が失われますが、これは代謝率の低下から姿勢の崩れまで、さまざまな問題の原因となります。

でもあきらめることはありません。レジスタンストレーニングを続けていれば筋肉萎縮の進行を遅くすることができます。早く始めればそれだけ、筋肉の衰えが防げるのです。鏡に向かうたびに、よい姿勢と引き締まった身体を目にするのはとても気分のいいものですが、どちらもレジスタンストレーニングのうれしい副産物です。こつこつと続け、脂肪を燃やしてくれる

ランニングとも組み合わせれば、レジスタンストレーニングはやがて、とびきり魅力的な流れるようなラインの身体をプレゼントしてくれるでしょう。

あなたに最適の重さと回数

　ダンベルの重さと繰り返しの回数は、あなたの基礎筋力はもちろん、何をめざすかによっても異なります。引き締まって調和の取れた筋肉を手に入れたいなら、軽い重量で回数を多くこなすべきでしょう。もっと筋肉をつけるのが狙いなら、回数は比較的少なくていいのですが、重量は重くすべきでしょう。

　最初は8〜12回くらいから始めるのがいいでしょう。調和の取れた筋肉をめざす場合は、最大筋力の60〜80％で11回繰り返すことができて、12回目には100％の筋力が必要になるくらいの重さが最適です。筋肉の量を増やすには、最大筋力の60〜80％で7回繰り返すことができて、8回目には100％になるくらいの重さを使います。目標はこの繰り返しを3回、つまり3「セット」できるようになることです。

　8〜12回の繰り返しを1セットとして、あいだに30秒の回復期間を挟んで3セット行いましょう。最初のうちは1〜2分休む必要があるかもしれません。この3セットを楽々こなせるようになったら、必要に応じて重さを増やします。

頻度

　レジスタンストレーニングには休息日が不可欠です。同じ筋肉を毎日トレーニングすることは避けなければなりません。経験上、ウェイトトレーニングで傷ついた筋肉が回復してより強くなるには、1日おきのトレーニングがいいということになっています。50〜57頁のエクササイズを好みの順序で行いましょう。

年は取りましたが、全般的な強さは増しています。もう25歳のときほど速くは走れませんが、肉体的にはずっと強くなっています。強さと外見の点で実際に改善のあとを見ることができ、長い目で見れば非常に満足しています。

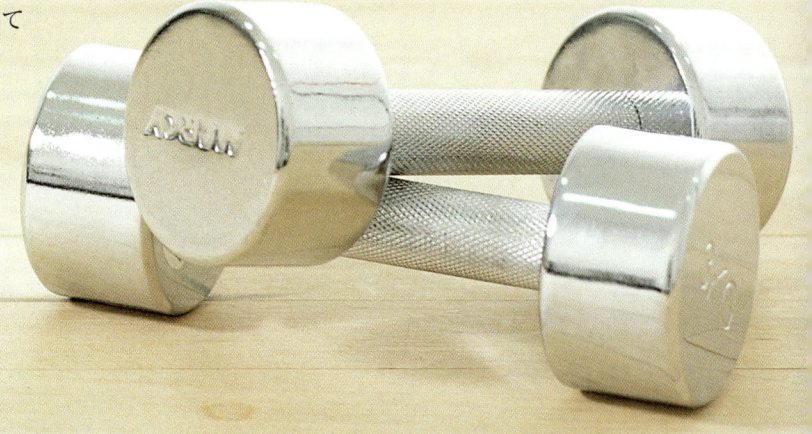

ダンベルを使うベンチプレス

このエクササイズは胸筋と上腕のうしろの三頭筋を鍛えるものです。ランニングプログラムに加えるにはとてもいいエクササイズで、上半身の筋肉をくっきりさせ、強くてバランスのとれた体形をもたらします。もしバーベルでベンチプレスをやりたいなら、必ず誰か介助の人が必要です。

てのひらは前に向ける

1 膝を曲げてベンチの上に仰向けに寝ます。両足はそろえてベンチの端に載せます。両方の手にダンベルを持ち、てのひらを前方に向けます。肘が直角になるようにします。背中は平らにしてベンチにぴったりつけます。背中が持ち上がっていると、下半身に必要以上のストレスがかかります。

ここが収縮するのを感じる

2 途中で止めないように気をつけながら、両腕をゆっくり上に伸ばしましょう。この動きの効果を最大にするには、腕を伸ばすとき、上腕のあいだで大きなボールを締めつけるような気持ちで行います。腕を伸ばすときに息を吐き、もとの位置に戻すときに息を吸いましょう。8～12回を1セットとして、1～3セット行います。

ダンベルを使う二頭筋カール

上腕の前面にある二頭筋は、たぶん人体でいちばんよく知られた筋肉です。そのわりには見過ごされることが多いのですが、この筋肉なしではショッピングバッグも持てないし、ランニング中に腕を前後に振ることさえできないでしょう。この運動とベンチプレス（前頁を参照）を組み合わせれば、贅肉のない調和のとれた上半身が得られます。

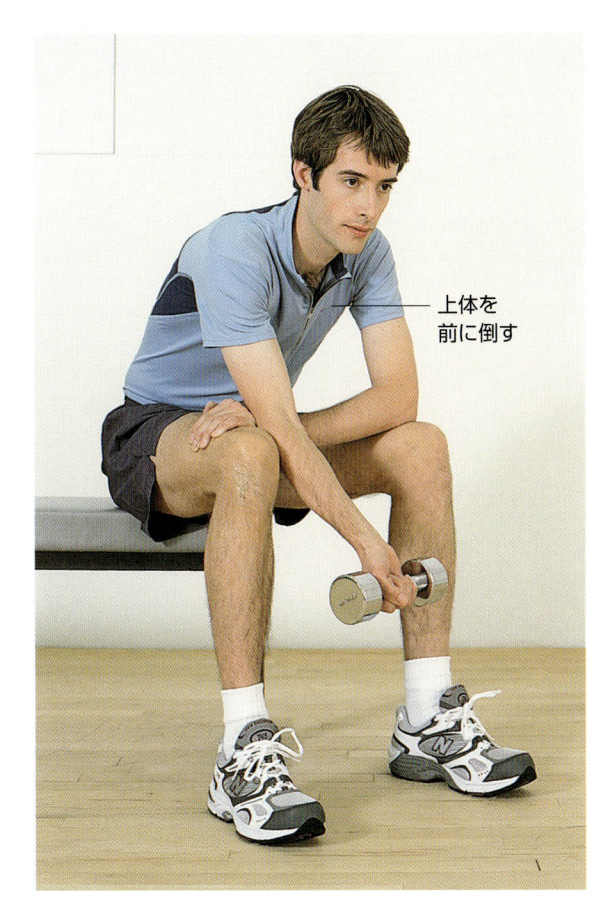

上体を前に倒す

ここが収縮するのを感じる

1 椅子またはベンチの端に腰掛け、両足を肩幅に開きます。前方にわずかに身体を倒し、左肘を左ももに載せて、手を右ももに置きます。右手にダンベルを持って腕を伸ばし、腕の側面を右ももにあてて支えます。

2 伸ばした腕をゆっくり曲げて、上腕前面にある二頭筋が収縮するのを感じましょう。このとき腹部は引き締めておきます。腕を伸ばして1回終了となります。曲げるときに息を吐き、伸ばすときに吸いましょう。この曲げ伸ばしを最大12回繰り返します。8～12回を1セットとして、1～3セット行います。左右を替えて繰り返します。

スクワット

もも前面の大きな筋肉である大腿四頭筋と、殿筋つまりお尻の筋肉とは、ランニングにはとても重要な筋肉です。スクワットでこれらを強化すればペースがあがり持久力も高まるうえに、長くすらりとしたももと引きしまったお尻が手にはいります。いっそう効果をあげるために小さなダンベルを使ってもかまいません。

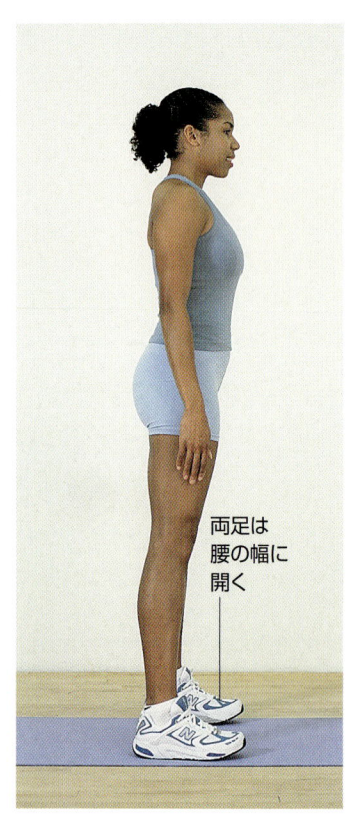

両足は腰の幅に開く

両腕をあげる

ここが収縮するのを感じる

ここが収縮するのを感じる

1 両足を腰の幅に開き、つま先を前方に向けて立ちます。腕は自然に脇に垂らし、腹部を引きしめて準備します。ももより殿部に力を集中するには、つま先を内側に向けます。

2 上体を前に倒し、両腕を肩の高さまであげながら、膝をまげて腰を落とします。腕をあげるのはバランスをとるためです。膝を痛めるおそれがあるので、腰はあまり深く落とさないように気をつけます。腰を落とすときに息を吐き、立ちあがって最初の姿勢に戻るときに吸います。8〜12回のスクワットを1セットとして1〜3セット行います。

ハムストリングカール

ももの後ろ側にあるハムストリングはランニングにはとても重要な筋肉です。とくに斜面で体重を押し上げるときにはここがものをいいます。ももの前面にある大腿四頭筋に比べてあまり発達していないことが多く、この不釣合いが損傷の原因になることがあります。ハムストリングカールはその不均衡を矯正してくれます。より負荷をかけたい場合は小型のアンクルウエイトをつけて行います。

1 床に両膝と両肘をつき、顔を下に向けます。肘で上体を支えながら、右脚をまっすぐ後ろに伸ばして腰の高さまで上げます。

脚を伸ばして腰と同じ高さまで上げる

脚を曲げる

ここがぴりぴりする

2 右脚をお尻のほうに曲げ、次にゆっくりと最初の位置まで伸ばします。いうなれば二頭筋カールの下半身版で、同じような慎重な動きを用いてハムストリングだけを収縮させます。脚の後ろ側がぴりぴりするような感じがするはずです。8～12回を1セットとして1～3セット行います。左右を替えて繰り返します。

内転筋リフト

内転筋群は一般に内ももの筋肉と呼ばれ、もものつけ根の肉離れのような多くの損傷を防ぐうえでとても重要な役割を担っています。これだけを動かすことはむずかしいため、レジスタンストレーニングではなおざりにされがちです。したがってこのエクササイズは特に有益です。内ももの運動を強めるには、小型のアンクルウエイトをつけてリフトを行います。

1 右を下にして横になり、下の脚をまたぐように上の脚を曲げます。上の足は身体の前に平らに置きます。下の脚はまっすぐに伸ばし、足首を曲げておきます。

上の足は身体の前に

2 下の脚を、かかとから引き上げられるような気持ちで、できるだけ高くあげます。このまま3つ数えてから、脚をマットの上におろします。内ももの上のほうにぴりぴりする感じがするはずです。8〜12回を1セットとして、1〜3セット行います。左右を替えて繰り返します。

かかとを引き上げられるような気持ちで

ここがぴりぴりする

外転筋リフト

外転筋群は腰にあり、脚を身体から離すように動かす役目をします。ここにあげたエクササイズはその筋群に働きかけるもので、アンクルウエイトは使っても使わなくてもかまいません。脂肪を燃やすランニングプログラムに加えれば、調和の取れた強靭な外ももが得られるだけでなく、贅肉のないなめらかな腰の線が手にはいるでしょう。

手で頭を支える

1 左を下にして横になり、脚を上下に重ねます。右手のてのひらを身体の前について支えとします。左手で頭を支えます。

2 右脚をゆっくりと持ち上げ、3つ数えるあいだ、そのままの位置を保ちます。ゆっくり脚をおろし、左脚の上に戻します。ももの外側と腰の筋肉が働くのを感じるはずです。8～12回を1セットとして1～3セット行います。左右を替えて繰り返します。

3秒間このまま

ここが動くのを感じる

腹筋クランチ

腹筋を強くしておけば腰痛を防ぐのに役立ちます。また姿勢がよくなって、背が高くスマートに見えます。ここにあげるエクササイズは腰の肉離れや「さしこみ」、つまりランニング中にときどきみられるわき腹の痛みの予防に特に効果があります。

足は腰幅に開く

1 脚を立ててマットまたはカーペットの上にあおむけになり、足を腰の幅に開きます。両手を頭の後ろにあてて首を軽く支えます。肘は両脇に大きく広げ、あごを少しあげます。

2 上体を丸めるようにしてマットから起こします。このとき腕を使って持ち上げないように気をつけましょう。わずかに上体を起こすには、腹部の筋肉の収縮で充分なはずです。背中の下部をマットに押しつけ、上体をおこすときに息を吐きます。マットの上に上体を戻しながら息を吸います。動きは小さくてもかまいません。それでも腹部の筋肉の収縮はかなり強力なはずです。15回のクランチを1セットとして、1〜3セット行います。

肘を広げておく

ここが収縮するのを感じる

バックエクステンション

ランナーには腰痛を訴える人が多いものです。背骨に沿って走る脊柱起立筋という筋肉を強化するのが、いちばんの予防策になります。腹筋クランチ（前頁を参照）と背中のストレッチ（p.47を参照）にこのエクササイズを組み合わせれば身体の中心部分が強化され、背中の筋肉の肉離れも自然と起こりにくくなります。

1 腹部をつけて、マットかカーペットの上に腹ばいになります。両腕を曲げて横につき出し、てのひらを下にして両手をあごの下に置きます。

2 息を吐きながら、背中の筋肉を使って腕と胸をマットからわずかに持ち上げます。この姿勢を3秒間維持し、息を吸いながら腕と胸をおろします。大きな動きをする必要はありませんが、最大の効果を得るにはゆっくりした正確な動きで行わなければなりません。15回を1セットとして、1～3セット行います。

3秒間維持する

ここが収縮するのを感じる

ウォームアップとストレッチ

ストレッチを習慣にすれば、損傷を防ぐとともにしなやかな身体を保てます。下にあげたストレッチ（やり方はp.40〜47を参照）を好みの順序で行いましょう。注意点をひとつ：ストレッチは、必ず筋肉を適切にウォームアップしてから行ってください。

ウォームアップ（p.36を参照）

トレーニングの走りを始める前に少なくとも5分間、歩くか、ゆっくりしたペースでジョギングして筋肉をウォームアップしましょう（あなたに最適のウォームアップペースについてはp.36囲み記事を参照）。

温まっていない筋肉の肉離れを防ぐため、ここにあげたストレッチは、走ったあとか、少なくともウォームアップのウォーキングかジョギングをしたあとに好きな順序で行いましょう。

5〜10分間、ゆっくりジョギングする

ハムストリングとふくらはぎのストレッチ　p.40

背中、腰、わきのストレッチ　p.41

腰のストレッチⅠ　p.42

腰のストレッチⅡ　p.43

横になっての大腿四頭筋ストレッチ　p.44

壁を利用したふくらはぎストレッチ　p.45

三頭筋ストレッチ　p.46

背中のストレッチ　p.47

強化運動とクールダウン

走ったあとは必ず、数分間ゆっくりジョギングするか歩いて、身体をクールダウンさせましょう。走らない日にはここにあげたレジスタンスエクササイズを好みの順序で行い（やり方はp.50～57を参照）、流れるようなラインのバランスのとれた身体を手に入れましょう。ただしあとでストレッチするのを忘れないこと。

ダンベルを使う
ベンチプレス　*p.50*

ダンベルを使う
二頭筋カール　*p.51*

スクワット　*p.52*

ハムストリングカール
p.53

内転筋リフト　*p.54*

外転筋リフト　*p.55*

腹筋クランチ　*p.56*

バックエクステンション　*p.57*

5～10分間ゆっくり
ジョギングする

クールダウン（p.38を参照）

走ったあとは必ず、歩いたりゆっくりジョギングしたりして、クールダウンします。過酷な走り、たとえばレースや90分以上の長距離走、インターバルトレーニング（p.110～15を参照）、ヒルトレーニング（p.116～17を参照）などのあとでは、少なくとも10分はクールダウンしましょう。無酸素運動にならない軽い走りの場合は、5分も行えばいいでしょう。

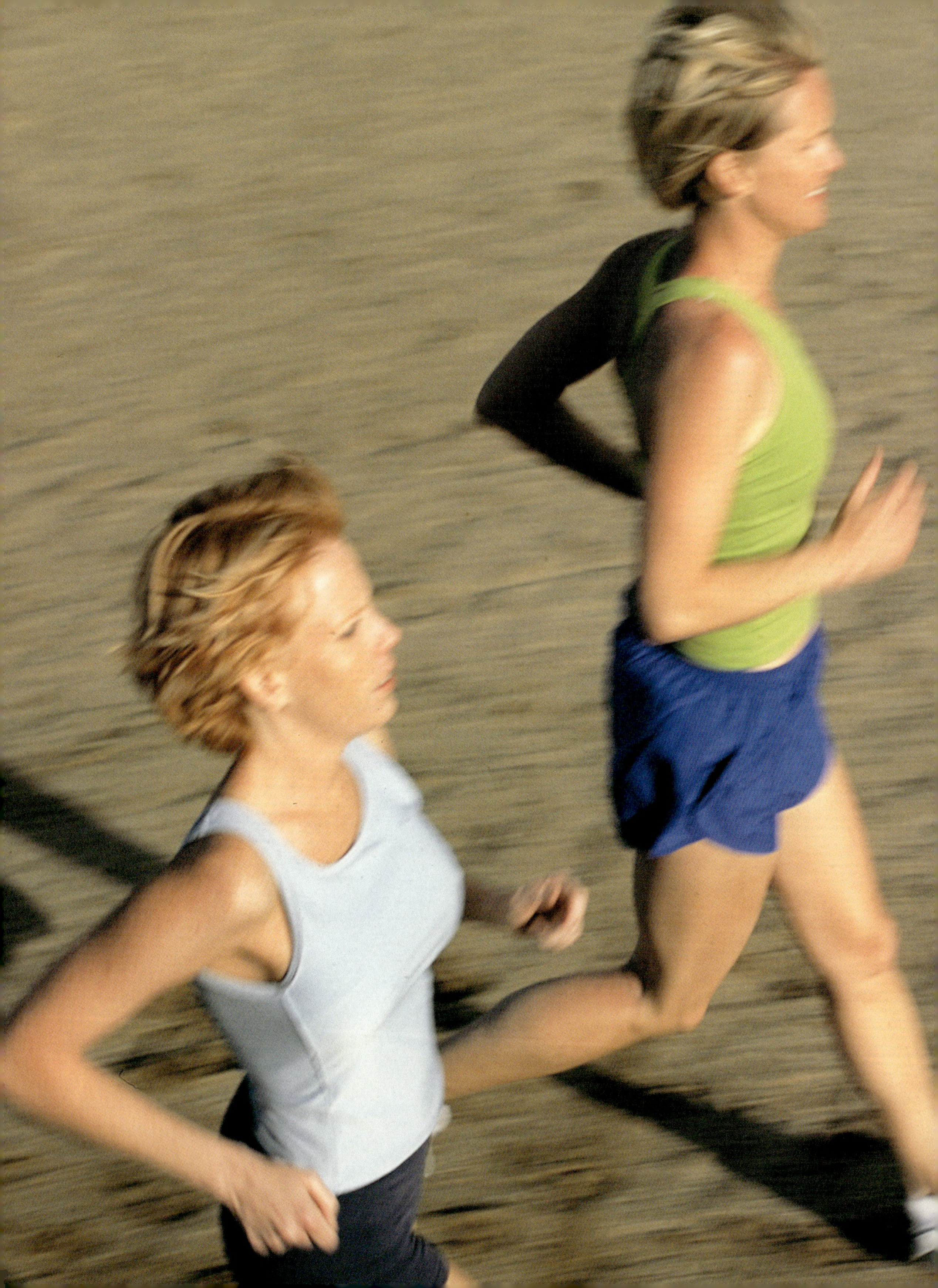

ランニングを
続けるために

あるさわやかな秋の午後、初めてクロスカントリーの実地練習に参加することになった私は、意気込んで大学の運動場に出て行きました。山越え谷越え走りぬく覚悟でした。その頃の私は、トレーニングとは必死に走ることだと思っていたのです。ギーグも一緒でしたが、彼が動かしたのは足ではなく自分の車で、ぬくぬくしたスチールの繭(まゆ)の中からチームの走りを見張っていました。ときどき窓をおろしては、「りゃくにあしれ。リラークス(楽に走れ。リラックス)」と声をかけてよこしたものです。このとき私は初めて、心血管系を最高の状態にもって行くには、いつもいつも必死で走るよりも大事なことがあるのだというギーグの持論に触れたのです。

ランニングと身体

ランニングがほかの有酸素エクササイズと違うのは、地面を蹴る衝撃が筋骨格系に大きなストレスを与えるという点です。この衝撃は赤血球数や骨、結合組織にも悪影響を及ぼします。とはいうものの、この章のヒントや情報を使ってトレーニングを組み立てれば、回復を早め、オーバートレーニング（やりすぎ）を避けることができます。

身体とオーバートレーニング

オーバートレーニングは、不十分な回復が長期間続いたことでもたらされる慢性的な状態です。筋肉の疲労感や痛み、消耗しきったような感じを特徴とします。数日で回復する疲れとオーバートレーニングとを混同してはなりません。この下向きの螺旋につかまってしまうと、トレーニングする力がどんどん低下していきます。

もし運動と運動のあいだに、充分な休息時間を身体に与えていないなら、おそらくあなたはオーバートレーニングになっています。そうなると、楽な日つまり回復日をプログラムに組み入れていた場合ほどすばやくは、成績が向上しません。自分では強くなっているつもりでも、身体には力がはいらず、走りはつらくなります。やがて身体はあっさり機能停止します。完全な回復が与えられないという、ささやかではあるものの持続する苦境に負けてしまうのです。

オーバートレーニングはどこでわかるか？

ひとつ安心していいのは、オーバートレーニングはふつう、長期間のトレーニングののちに起こるので、初心者にとってこれが問題となることはめったにないということです。けれども、もしあなたが中級や上級のランナーだったり、オーバートレーニングかどうかを判断するもっと確実な方法がほしいなら、脈拍を指針にするのがいいでしょう。オーバートレーニングのひとつのサインは、しだいにRHRが上がっていくことです。RHRつまり安静時の脈拍の上昇は、身体が働きすぎていること、休息をもっと多くしてきつい走りをもっと少なくする必要があることを教えているので

自分の身体を知る

ランニング中に繰り返される足からの衝撃は、私たちの誰もが持っている骨格系の弱点をさらけ出させます。慢性の膝の痛みや、股関節、足、腸脛靭帯の問題を抱えているランナーがいるのはそのためです。とはいうものの、整形外科的にみて不利な点があって非常に足の遅いランナーでも、足の速い人よりも回復に少しだけよけいに時間をかけなければならないことを理解していさえすれば、速くて強いランナーになれます。

たとえばオリンピックのマラソン走者のケニー・ムーアは、きつい練習のあいだに、私が楽な日を1日挟んでいたのに対して2日かけていましたが、私たちの練習のきつさは基本的に同じでした。私たちはふたりともオリンピックレベルに到達しました。成績を向上させるうえでものをいうのは練習のきつさと継続性であって、そのあいだに楽な日を何日挟むかではないのです。スピードをつけてくれるのはきついトレーニングですから、そのあいだには楽な日を、身体が要求するだけの日数設けましょう。自分に正直になって、長く続けられるようなプログラムを組み立ててください。

す。私がしているように、毎朝決まった時間に安静時の脈拍数を測って記録するといいでしょう。もしある一定期間にこれが平均して1分につき10拍くらい上昇するようなら、あなたはオーバートレーニングかもしれません。

治癒とは要するに細胞分裂の問題

　身体はふつう、ランニングの悪影響から回復するのに24〜36時間かかります。幅があるのは、ひとりひとりの身体の細胞分裂の速さや生理学的な条件が異なるからです。ランニング中、足と脚は体重の4倍もの衝撃を吸収しており、これは脚の筋線維に微細な断裂を生じさせます。この衝撃は骨や結合組織も痛めつけ、赤血球もいくらか破壊しますので、これらを交換しなければなりません。もし身体に回復の時間を与えないと、オーバートレーニングへの道をたどることになります。

緩急の法則で回復を早めよう

　トレーニングの緩急の法則を使えば、オーバートレーニングを避けることができます。身体に再生する余裕を与えるため、きつい練習のあいだに必ず休息日つまり楽な日を挟むのです。きついトレーニングをした翌日に楽な日を設けることは、身体の再生には欠かせません。筋肉も骨、赤血球、結合組織も、きつい走りのあとすぐに治癒を開始するからです。人によっては、この再生過程を完了させるために2日必要なこともあります。自分の身体の声によく耳を傾けてください。もともとトレーニングは筋肉を断裂させるものです。激しいトレーニングを休みなしに続けたりすれば、身体は決して完全に回復できないでしょう。

きついとか楽とはどういうこと？

　きつい日とか楽な日というのは、その人の体力による相対的なものです。初心者は1日おきにしか走らないので、トレーニングのあいだに完全な休息日をとっていることになります。その日はウォーキングをしたり子供と遊んだりしましょう。何をするにせよ、自分にとって楽な活動であればいいのです。このレベルではきつい走りといっても会話ペースを越えることはなく、あなた個人の有酸素限界内に納まっているのは確かなので、トレーニングのやりすぎになるおそれはありません。

　もっと進んで中級や上級レベルになれば、毎日走るようになるかもしれません。きつい日には走る時間を少し追加したり、インターバルトレーニング（p.110〜15

トレーニングの緩急の法則：オーバートレーニングを避けるため、きつい走りだけを続けずに、ときには軽いサイクリングのような楽な活動をトレーニングプログラムに取り入れましょう。

を参照）を加えたりすることさえあるかもしれません。楽な日には慣れたループを会話ペースで走るのがいいでしょう。体力が増すにつれ、きつい日は相対的にさらにきつく、楽な日はさらに楽になっていくはずです。

摩擦係数と回復

　足の速いランナーもいれば遅いランナーもいます。摩擦係数が違うからです。自分の摩擦係数を知ったところで、回復を速めるのに役立つわけではありません。ただ、ほかの人より休息日をよけいに必要とするわけを理解するのには役立つでしょう。簡単にいうとこれは、身体を前進させるのに使われたエネルギーと地面のなかに失われたエネルギーとの比率です。といっても、ただ体重しだいというわけでもありません。体重が軽くてもフットストライクの重いランナーもいます。「激しい着地」は軽い足取りよりも脚の筋線維に微細な断裂をたくさん起こさせるので、身体は回復と再生にそれだけよけいな時間を必要とします。

心理的効果

脳は人体のなかで最も高度な器官です。ですから、優秀な選手の多くが心理的な調整を肉体的なトレーニングと同じくらい重視しているのも、ふしぎなことではありません。彼らはしばしば、精神を集中させ周囲の雑音をシャットアウトするための決まった行動パターンを作り上げています。ここに、視覚化から肯定的儀式まで、スポーツ心理学のいろいろな方法を取り上げましたので、ためしにトレーニングに取り入れてみてください。成績全般がぐっとよくなるでしょう。

視覚化

視覚化と呼ばれる思考過程が発見されたのは何年も前のことです。どんな分野であろうと、競争で成功を収めた人々はみな、無意識のうちにこのような思考を行っていることがわかりました。ランナーもいつでも視覚化を使うことができますが、特に有効なのはレースに出る準備をしているときです。視覚化はえたいの知れないトリックではありません。めざしている場面で自分が勝利を収めているところをただ思い描くだけです。将来のレースで力強い走りをしている自分をただ「見る」のです。いつもそれを考えているということではなく、心の片隅に将来の目標を温めておき、折にふれて、その場面にいる自分、目標を達成した自分を想像するのです。そうすることで自信がわき、トレーニング中にリラックスできるだけでなく、レースそのものにもずっと安心してのぞむことができます。何かに挑戦中、決定的な地点——たとえばマラソンでは32.2キロ地点——にさしかかったとき、前にもこの場面を経験したことがあると感じられる、これほど心強いことがあるでしょうか。

勝利をもたらした視覚化

オリンピックめざしてトレーニング中に、私はよく、マラソンのだいじなポイントで力が湧いてくるところを想像したものです。将来のその瞬間の情景を目の前のトレーニングに結びつけたのです。いつも心の片隅にその情景がありました。その結果どうなったかというと、レース中に、まるで前にもそこにいたことがあるかのような感じにおそわれました。超高感度のデジャヴュでした。

「現実」の瞬間の情景にあらかじめ慣れ親しんでいたことで、私はリラックスし、正しいやり方をしているという自信が持てました。1972年オリンピックマラソンの14.5キロ地点──自分が現実にそこにいて地面を蹴って走っているのに気づいたとき、私は全身が震えるのを感じました。想像の中で起こっていたことがきっと起こるはずだと感じました。ほかの走者は全員ピンチに陥っていると、どういうわけか、知っていたのです。

小さな目標を達成して自信をつけましょう

自分で決めた目標を達成していけば自信がつき、最高の成果を手にしようという気になるものです。私の40年以上にわたるランニング人生で目標を決めるもとになってきたのは、「無理のない」、「しだいに大きくなる」、「達成可能」という3つのことばでした。無理のないというのは現実的になれということです。今日の体調は正直なところどうなのか、この前の練習から完全に回復しているか、自分にたずねてみましょう。こういった問いへの答えをもとに、その日どこまでやれるかを決めましょう。達成可能な目標を設定すれば、たとえ肉体的心理的エネルギーが最低の日でも、完走することができます。こうすればいつでも練習をやりとげることができます（ひょっとすると、計画よりほんの少しよけいにこなすことさえできるかもしれません）。こうして目標をうまく達成していけば心理的な面での強化に役立ち、それがやがては肉体的な成果につながるのです。

肯定的な儀式の力

トレーニングのときにいつもできる、なにかよりどころとなるような行動を工夫しましょう。たとえば走る前に必ず歯を磨くというような、簡単なことでかまいません。トレーニングのたびに実行できることであれば、どんなことだっていいのです。そうすれば、レース前のようにストレスの多い状況でも、その儀式があなたの無意識に、トレーニングに行くところなのだ、いつもと同じなのだとささやいてくれます。当然これで気分がぐっと楽になります。あなたはリラックスでき、いい成績を収めることができるでしょう。

肯定的な儀式をトレーニングに組み込むにはいろいろな方法があります。靴ひもを「儀式として」結んだっていいのです。1972年、障害物競走の世界記録保持者が、レース中に靴ひもがからまってスパイクシューズが脱げるというアクシデントにみまわれました。その結果、濡れたはだしの足が滑ってそのまま次のハードルに突っ込み、オリンピックの最終予選からはじき出されてしまいました。今でもまだ多くのランナーが、走る直前に靴ひもを二重結びにしています。これもひとつの儀式です。

肯定的な儀式で気持ちを切り替えましょう：走るたびに靴ひもを二重結びにするのも、肯定的な儀式のひとつの形です。

トレーニング日誌

トレーニング日誌をつけることは、自分自身のコーチになるための具体的な一歩です。成績を確認したり進歩のあとをたどったりするのに、日誌は欠かせません。日誌があれば、始めたときにはどうだったか、体力や意欲の点でそこからどのように進歩したかがはっきりとわかります。自分にはどういうタイプの練習がいちばん効果的かを判断するのにも役立つでしょう。早いうちから習慣にすれば、必ずいい結果が得られます。

なぜ日誌をつけるか

日誌がいい理由はいろいろあります。日誌があれば、無理がなくてしだいに大きくなる達成可能な目標を決める際にも、自分に正直にならざるをえません。私の場合、記憶だけに頼っていると、スピードは少し速めに、距離は少し多めに思ってしまいがちです。こういった罪のないごまかしは人間の自然な本性かもしれませんが、こうしてデータがゆがめられると最適の目標が設定できなくなり、進歩の妨げになります。

トレーニング日誌は、あなたの達成したことを記録しておくすばらしい手段です。これを見ればいつでも、進歩のあとや、そのときどきの身体や心の状態を振り返ることができます。

どういうふうにつけるか

日誌は何に書いてもかまいません。私がよく使うのは、たまたまポストにはいっていた保険会社や金物屋の無料のカレンダーです。四角くて大きく、だいじな情報を書くのにぴったりです。今ではパソコンも普及していますから、お好みならデジタル記録を選んでもいいでしょう。必ず記入するのは日付け、時間、距離、心と身体の状態です。初心者の日誌はたとえば次のようになるでしょう。10月7日：午前7時、2.5キロメートル、20分；気分良好／体調良好。

私はいつも、その日どれだけトレーニングしたかを書き、ときには短いコメントをひとつふたつ添えます。とはいえ、トレーニング内容自体が、その日の調子を雄弁に物語っているのがわかります。無酸素インターバルトレーニングをしたある日の日誌は次のようになっています。10月7日：午前7時、11キロメートル；午後

日誌をつける：ランニングの記録をつけることを習慣にしましょう。あとで読み返せば、進歩のあとがはっきりわかります。

3時、65秒で400メートルを12本、最後は59秒；好調。

私の場合、朝はおしゃべりをしながら特に時間を限らずに走ります。午後はトラックで、タイムを設定した400メートル走を12回行い、できれば一周ごとに徐々にスピードをあげていきます。最初の400メートルを65秒で走り、最後を59秒で走るというぐあいです。私のトレーニングは上級者向けのものですが、記録項目は初心者のものとそれほど大きな違いはありません。

フランクの日誌の一例（45歳）

10月11日月曜日：	7:00a.m. 11km	3:00p.m. 800m（2分24秒で）×6；最後は2分21秒で	絶好調
10月12日火曜日：	7:00a.m. 10km（楽）	3:00p.m. 小道を11km	だるい感じ
10月13日水曜日：	7:00 a.m. 自転車で8km	3:00 p.m. 15km走る（楽）	好調
10月14日木曜日：	7:00a.m. 10km（非常に楽）	3:00p.m. 400m（71秒で）×12；最後は68秒で	好調
10月15日金曜日：	7:00 a.m. 小道を11km走る	3:00 p.m. キャンパスを11km走る	気分はゆったりしているが疲れた
10月16日土曜日：	10:00a.m. 5km（15分20秒）	3:00p.m. 8km（楽な走り）	好調
10月17日日曜日：	7:00a.m.～9:00a.m. 2時間走る（MHRの60%）；24～27km		非常に好調

初心者の日誌の一例

10月11日月曜日：	7:00a.m.～7:30a.m. ジョギングしたり歩いたりで3km	やや不調；気分は良好
10月12日火曜日：	5:30p.m.～6:00p.m. 休息日：子供たちとフットボールをする	リラックスした気分；満足
10月13日水曜日：	6:30a.m.～7:00a.m. 歩いたりジョギングしたりで3km	非常に好調；気分良好
10月14日木曜日：	5:30p.m.～6:00p.m. 休息日：友人とサイクリング	元気いっぱい；前向きな気分
10月15日金曜日：	7:00a.m.～7:30a.m. 歩いたりジョギングしたりで2.4km	やや不調；すっきりした気分
10月16日土曜日：	10:00a.m.～10:30a.m. 休息日：子供たちとプールで遊ぶ	元気；満足
10月17日日曜日：	9:00a.m.～9:30a.m. ジョギング4km	絶好調；気分良好

中級者の日誌の一例

10月11日月曜日：	7:00a.m.〜7:45a.m. ジョギング8km	非常に好調；すっきりした気分
10月12日火曜日：	7:00a.m.〜8:00a.m. ジョギング6kmとヒル2回	精神的に疲れた；だるい
10月13日水曜日：	7:00a.m.〜7:20a.m. 休息日：イヌの散歩	不調；この休息が必要だった
10月14日木曜日：	7:00a.m.〜7:50a.m. ジョギング10km	回復日のあとなので非常に好調
10月15日金曜日：	6:00a.m.〜7:00a.m. 6km＋400m×4のインターバルトレーニング	足が軽い；非常に好調
10月16日土曜日：	10:00a.m.〜11:00a.m. 休息日：友人とゴルフ	好調；満足
10月17日日曜日：	11:00a.m.〜11:51a.m. ジョギング10km	リラックスした気分；楽に走れた

上級者の日誌の一例

10月11日月曜日：	7:00a.m.〜7:49a.m. ゆっくりジョギング11km	非常に好調；リラックスした気分
10月12日火曜日：	7:00a.m.〜8:15a.m. ジョギング10kmとヒル2回	精神的に集中していた；力がみなぎっている
10月13日水曜日：	6:30a.m.〜7:30a.m. 休息日：友人とテニス	非常に好調；気分良好
10月14日木曜日：	6:00a.m.〜7:10a.m. 400m×12のインターバルトレーニング	回復日のあとなので非常に好調
10月15日金曜日：	7:00a.m.〜8:00a.m. ゆっくりジョギング13km	身体は好調；すっきりした気分
10月16日土曜日：	10:00a.m.〜10:30a.m. ジョギング6km＋ヒル4回	元気；満足
10月17日日曜日：	9:00a.m.〜11:00a.m. 休息日：庭園散策	絶好調；気分良好

時間を見つける

ランニングをするうえでむずかしいことのひとつは、多忙な毎日のどこに時間を見つけるかということでしょう。仕事や子供たちの世話、友達づきあいなど、ランニングより優先させなければならないものはたくさんあります。といっても、別にランニングにかぎったことではありませんが、ほんの少しの計画と工夫、柔軟な考え方があれば、時間は見つけられるものです。時間の有効活用と節約のヒントをいくつかあげてみましたので、ぜひ参考にしてください。一日に使える時間がきっと増えるはずです。

早起きをしましょう

もしあなたが一日じゅう子供の面倒をみなければならない立場なら、早朝の時間を最大限に活用しましょう。もう30分ベッドのなかにいられたら最高！と思うかもしれませんが、そんなことをしてもその日の疲れぐあいにたいして差がでるわけではありません。いつもよりも30分早めに寝るようにしてみましょう。そうすれば早朝のランニングのための時間がとれます。朝走れば一日じゅう前向きに元気いっぱいに過ごせますし、その日のスケジュールのどこにランニングを組み込もうかと頭を悩ませる必要がなくなります（走らなければ逆の結果になるわけです）。

「ついで」ランニングで時間に余裕をつくる

自宅と職場はほどほどの距離にありますか？　もしそうなら、朝、出勤のついでにランニングするのもひとつの手です。結構な運動になるうえ、心身ともに活動的になり頭もすっきりして、いい状態で仕事にとりかかれます。交通費もかからないうえに排気ガスも出さないので、環境保全にも貢献できます。

大きな企業では施設内にシャワー設備のあるところも多いので、人事課に問い合わせて、どこにその設備があるか、備えつけの石鹸やタオルがあるかを確認しましょう。もし会社にシャワーがないなら、仕事帰りに走ってみてはどうでしょう。一日の仕事のストレスをやわらげるのに役立ちますし、お金を節約しながら自分だけの時間が持てます。

時間に余裕のない人には、昼休みに走るのもお勧めです。30分のランニングで緊張がやわらぎ、気分もあらたに午後の仕事にとりくめます。ただし、会社のビルにシャワーがあることを確かめてください。なければ、近くのジムの会員になって、そこで走ってシャワーを浴びるのがいいでしょう。

「ついで」ランニングで時間を見つける：職場への往きや帰りに走るときは小さめのナップザックを使いましょう。

燃料となる食物

バランスのとれた偏りのない食事は誰にとっても好ましいものですが、ランニングをする人には特に重要です。激しい運動をすれば身体もそれだけ消耗するからです。食物は大きく5つのグループに分けられ、それらをまんべんなく食べることで、さまざまなビタミンやミネラルも補給されます。カロリーや栄養素のバランスが適切にとれるように、5つのグループすべてを毎日の食事に取り入れるようにしましょう。

5つのグループを取り入れる

適切なエネルギーを得ながら健康を維持するには、5つのおもな食物群から毎日バランスよく食べる必要があります。炭水化物、たんぱく質、乳製品、果物、野菜の5つです。これらの食物群はスポーツのための燃料、体組織を再生するためのアミノ酸、健康な皮膚や髪、歯、目を維持するための各種のビタミンやミネラルなどを提供して、さまざまな形で私たちの役に立っています。このほかにもうひとつ、6番目のグループがあり、脂肪や油と、ケーキやキャンディ、ビスケットのような甘味類が含まれます。このグループはカロリーが高いうえ、多様な栄養素を含んでいないので、控えめに食べるようにしましょう。

エネルギーとなる炭水化物

炭水化物はランナーにとって最もだいじな食物群です。簡単に手に入る効率のよい燃料源だからです。エネルギー効率を高めるさまざまなビタミンB群や、体内をきれいにしてくれる繊維質の供給源でもあります。パンやパスタ、穀類は1グラムあたり4カロリーのエネルギーを身体に与えます。

炭水化物は体内でグリコーゲンと呼ばれる物質に変換され、これはすばやく容易に燃えるので、よい燃料となります。このため、炭水化物はカロリー源として最適なのです。成人のランナーなら炭水化物を1日に6〜12単位とるのがいいでしょう（単位についてはp.73を参照）。ただし、身体に蓄えられるグリコーゲンの量には限りがあることを忘れないでください。この点からも、偏りのないバランスのとれた食事が大切なのです。

水分補給で体調を整える

充分な水分補給も、健全な食生活の一部です。飲料水はミネラル源となり、細胞機能を最適のレベルに保つのを助け、身体から有害物質を追い出してくれます。のどが渇くまで水を飲まないでいると、身体はすでに脱水状態になっています。ですから、1日に240mℓグラスに6〜8杯の水を決まった間隔で飲むようにしましょう。

回復のためのたんぱく質

たんぱく質群もランナーの健康のためには欠かせません。炭水化物をたっぷり含んでいるだけでなくたんぱく質も充分に含む、バランスのとれた食事がとてもだいじです。獣肉、鳥肉、魚、豆類は1グラムあたり4カロリーのエネルギーと、アミノ酸の形の建築材料を身体に供給します。このアミノ酸は運動中に断裂した筋肉の再生を助けます。

燃料となる食物　71

　長距離走（90分以上）では、グリコーゲンが使い果たされたあと、たんぱく質はエネルギー源としての価値も発揮します。赤身の肉のようなタイプのたんぱく質が鉄の供給源となるのに対し、脂肪分の多い魚は関節の故障を防ぐオメガ-3-脂肪酸のすぐれた供給源となります。成人はたんぱく質を1日に3〜5単位とるようにしましょう（単位についてはp.73を参照）。

強い骨をつくる乳製品

　チーズやミルク、ヨーグルトといった乳製品も、1グラムあたり4カロリーを含んでいます。これは身体にとってエネルギーの第二の供給源となります。乳製品には、骨を強くして骨折などの損傷を最小限に抑えるカルシウムも豊富に含まれています。チーズなどに含まれるビタミンDはカルシウムの吸収になくてはならないものです。

　乳糖不耐症の人は乳製品の代わりに、カルシウム強化大豆製品や、ほうれん草のようなカルシウムに富む野菜をとるのがいいでしょう。成人は1日に2〜3単位とるようにします（単位についてはp.73を参照）。

ビタミンとエネルギーのための果物

　生の果物や乾燥果物、たとえばリンゴ、モモ、オレンジ、ブドウなどは、抗酸化作用のあるビタミンA、C、Eなど、さまざまなビタミンやミネラルのすばらしい宝庫です。胃腸をきれいにしてくれる食物繊維や、すぐにエネルギーに転換される単糖も豊富に含みます。

　生のイチゴやキウイフルーツなどにはビタミンCも豊富で、免疫力やエネルギーレベルを高めるのに役立ちます。アプリコットやレーズンなどの乾燥果物は、疲労を抑える鉄分の供給源として重要です。生の果物か乾燥果物を1日に2〜4単位とるようにしましょう（単位についてはp.73を参照）。

バランスのとれた食事：全粒粉のパンやアプリコット、魚など、さまざまな食品を食べるようにしましょう。健康にいい栄養素を幅広く身体に取り入れることができます。

ビタミンの豊富な野菜は活力のもと

野菜は第五の食物群ですが、ビタミンとミネラルに関してはたぶんいちばん重要な食物です。毎食少なくとも一皿は野菜料理とし、1日に5単位とるようにしましょう（単位については次頁の表を参照）。野菜は食物繊維や燃料、多くの貴重なビタミンやミネラル類のすぐれた供給源です。たとえばホウレン草や芽キャベツのような緑色の葉菜には、骨粗鬆症を防ぐ葉酸が豊富に含まれます。鮮やかな赤色の野菜、たとえば赤トウガラシなどは血圧を下げる効果のあるカリウムを多く含みます。いろいろな色の野菜をたくさん食べることが、健康への近道です。

炭水化物：単糖それとも多糖？

炭水化物には大きくわけて単糖と多糖があり、摂取される炭水化物のほとんどは多糖からなっています。どちらもだいじなエネルギー源ですが、使われる目的が異なります。多糖は長距離走に最適なのに対し、単糖は短距離走のエネルギー源として理想的です。

多糖は穀類や豆類、野菜に含まれ、糖の分子がつながって長い鎖をつくっています。ゆっくりとこわれて血中に糖を放出し、長時間にわたってエネルギー源となるので、8～32.2kmといった長距離のランニングに適します。果物やミルク、お菓子に含まれる単糖は糖分子の鎖が短く、すぐにこわれて血糖値のするどいピークをもたらします。短距離走のための短時間のエネルギー上昇に適していますが、マラソンやハーフマラソンのような長距離レース中のエネルギー補給にも役立ちます。

水を飲んで水分補給

水は世界でいちばん完璧な飲みものです。ただ同然でカロリーはゼロ、身体の老廃物を洗い流し、貴重なミネラルを補給し、細胞機能を最適なレベルに保つのを助けてくれます。

身体が脱水状態になるとランニングの成績が低下するので、1日に少なくともグラス6～8杯の水を飲むことが絶対に必要です（単位については次頁の表を参照）。ビン入りの水を買う必要はありません——たいていの場合、水道水でじゅうぶんきれいです。でももし、浄化した水を飲まなければ気がすまないなら、家庭用の安価なフィルターがたくさん出回っています。

人によっては、コーヒーとか炭酸抜きのコーラといった形で少量のカフェインをとるとランニングの成績があがるといいます（囲み記事を参照）。ただし、カフェインを含む飲みもの、たとえばお茶、コーヒー、コーラなどはすべて、水分を排泄させる作用があります。その利尿効果に対抗するため、カフェイン入りの飲みものをとるたびに、さらにグラス一杯の水を追加してください。

カフェインも少しなら……

適度な量を、しかも利尿効果を相殺するように水分と一緒に摂取するなら、カフェインはランニング成績を向上させるのに役立ちます。肉体的にも精神的にも活力を与えてくれるというランナーもいます。力が湧いてくるような気がするというのです。

燃料となる食物

長距離には水を：たとえ軽度でも脱水状態は走る力を損なうので、90分以上走るつもりなら小さなビンを携帯しましょう。

食物群に関する統計値

炭水化物群
（1日6〜12単位）
含まれるもの：繊維質、鉄、マンガン、エネルギー源としてのグルコース
1単位：パン一切れ；はちみつ茶さじ1杯；穀類またはパスタ100g（$\frac{1}{2}$カップ）；ジャガイモまたはヤムイモ大1個
供給源（多糖）：玄米、パスタ、全粒パン
供給源（単糖）：はちみつ、ジャガイモ、白パン、白米

たんぱく質群
（1日3〜5単位）
含まれるもの：ビタミンAおよびD、鉄、亜鉛、アミノ酸の形態でのたんぱく質ブロック
1単位：卵1個；加熱調理ずみの魚、獣肉、鳥肉85g；豆類100g（$\frac{1}{2}$カップ）；豆腐85g
供給源：鳥肉、卵、魚、獣肉、豆類、豆腐

乳製品群
（1日2〜3単位）
含まれるもの：ビタミンA、カルシウム、クロム、ビタミンD、アミノ酸の形態でのたんぱく質形成材料
1単位：チーズ30g；牛乳または豆乳、ヨーグルト240mℓ（1カップ）
供給源：チーズ、牛乳、豆乳、ヨーグルト

果物群
（1日2〜4単位）
含まれるもの：各種のビタミンおよびミネラル、繊維質、エネルギー源としてのグルコース
1単位：中くらいの大きさのもの1個；刻んだ果物30g（$\frac{1}{2}$カップ）；乾燥果物30g（$\frac{1}{4}$カップ）
供給源：リンゴ、バナナ、オレンジ、レーズンなど

野菜群
（少なくとも1日5単位）
含まれるもの：各種のビタミンおよびミネラル；繊維質；エネルギー源としてのグルコース
1単位：中くらいの大きさのもの1個；刻んだ生の野菜60g（1カップ）；刻んだ加熱野菜60g（$\frac{1}{2}$カップ）
供給源：ナス、ブロッコリー、タマネギ、ホウレン草など

水
（少なくとも1日グラス6〜8杯）
含まれるもの：フッ素など
1単位：240mℓグラス1杯
供給源：水道水、ビン入り水、浄化水

ビタミンとサプリメント

ビタミンやミネラルのサプリメントは健康維持に必須というわけではなく、あくまでも食事からとる量が足りない場合の保険です。健全でバランスのとれた食事をしているなら、サプリメントは必要ありません。ただし、食物にもともとその栄養素が含まれていないために、ランナーにとってきわめて有益なサプリメントもあります。市販のさまざまなサプリメントの正体に迫ってみましょう。

総合ビタミン剤

ビタミンおよびミネラルの栄養摂取勧告量を食事から100%とれる人は現実にはほとんどいないでしょうから、総合ビタミン剤を毎日のむことは、どんな人にも有益かもしれません。これはたとえば抗酸化物質やカルシウム、葉酸、ビタミンB群など、必要なビタミンおよびミネラルをすべて含んでいなくてはなりません（一覧については次頁の表を参照）。

抗酸化物質

ビタミンA、CおよびEやベータカロチンのようなカロチノイド類は、自然界に存在する数少ない抗酸化物質です（一覧については次頁の表を参照）。ある種の皮膚病や呼吸器の病気を緩和することから、免疫力を高め感染を防いだり老化を遅らせたりすることまで、抗酸化物質には健康上多くの有益な効果があり

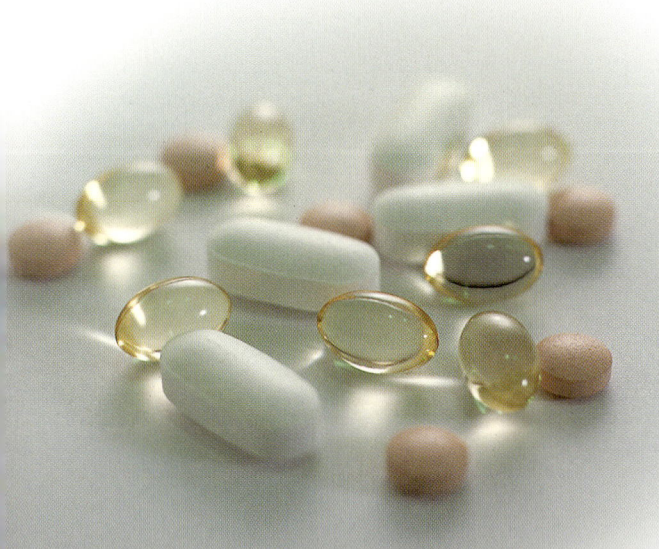

> **リスクを避けるには**
>
> 一般に売られているサプリメントのなかには、危険な作用を持つものもたくさんあります。特に、複数の名前を持つサプリメントには注意しなければなりません。いくつも別名があると規制がむずかしくなるからです。たとえばアリストロキアフルーツとかワイルドジンジャーとも呼ばれるアリストロキア酸は、腎不全やガンと関連があるとされています。グリーンオレンジとかセヴィルオレンジとも呼ばれるビターオレンジは、高血圧や心臓発作の一因になるかもしれません。カバは酩酊ペパーやロングペパーなどさまざまな名称で売られていますが、肝臓障害と関連があるとされています。

ます。抗酸化物質はすべて、フリーラジカルと呼ばれる代謝副産物から身体をまもってくれます。フリーラジカルは酸化作用によって細胞を傷つけますが、この変性過程が老化に寄与しており、ある種のガンにも関与しているかもしれません。広範囲の抗酸化物質を含むサプリメントを日常的にとれば、有害なフリーラジカルに対する防御を強めることができます。

カルシウム

カルシウム（鉄、セレン、亜鉛はもちろん）のようなミネラルは、各種ビタミンに負けず劣らず重要です。ランニングを初めとする体重負荷運動は骨密度を増加させるとはいえ、カルシウムサプリメントをとれば、将来の骨折や骨損傷への予防はさらに万全となるでしょう。カルシウムは血液凝固や筋収縮を助けるとともに、強く健康な歯ももたらします。

女性にとってカルシウムは特に重要です。更年期の

女性は、骨が穴だらけになる骨粗鬆症と呼ばれる状態になりやすいからです。このサプリメントはカルシウムの吸収を助けるビタミンDや魚油、月見草油などとともにとれば、さらに骨の強化に役立ちます。

グルコサミンとコンドロイチン

ランナーは股関節や膝、足首の軟骨の消耗による関節の傷害に特にかかりやすいものです。グルコサミンやコンドロイチンのような栄養補助食品は、こういった傷害を防ぐのに役立つかもしれません。グルコサミンはアミノ糖の一種で、軟骨の形成と修復を促進すると考えられます。コンドロイチン硫酸はたんぱく質分子の一部となって軟骨に弾力性を与えると考えられています。これらを一緒に摂取すると、変形性関節症に伴う痛みを緩和することはもちろん、進行も遅らせるかもしれません。

オメガ-3脂肪酸

オメガ-3脂肪酸は人の体内ではつくられず、これらは必須脂肪酸と呼ばれます。ランナーにとってもランナーでない人にとっても、健康には同じようにだいじなものです。脂肪分の多い魚やアマニ油のような食物、またはサプリメントの形で摂取しなければなりません。驚異の栄養素としてもてはやされ、高血圧の緩和から慢性関節リウマチやうつ病の改善、心臓病の軽減、さらにはある種のガンの予防まで、多くの有益な効果があると考えられています。また最近は美容の面からも、その抗炎症効果によって肌を美しく整え、老化の徴候が現われるのを遅らせるとされています。

栄養素とその供給源

＊ビタミンA（レチノール）：皮膚を健康にする
供給源：アプリコット；ニンジン；卵の黄身；全乳

ビタミンB群：血糖値を安定化させる；エネルギー生産を高める
供給源：キャベツ；穀類；レンズ豆；ナッツ類；カボチャ

＊カロチノイド（ベータカロチンなど）：ある種のガンのリスクをさげる；夜間視力を改善する
供給源：モモ；ホウレン草；トマト；鮮やかな色の果物や野菜のほとんど

＊ビタミンC：感染防御；老化防止効果
供給源：ブロッコリー；キウイ；トウガラシ；イチゴ

カルシウム：骨を強くする
供給源：牛乳；チーズ；ケール；ホウレン草

コンドロイチン：軟骨の弾力性を増す
供給源：天然の食物はない──グルコサミンとともにサプリメントの形で摂取しなければならない（左記を参照）

ビタミンD：カルシウムの吸収を助ける
供給源：卵；ほとんどの魚類；日光を浴びる

＊ビタミンE（トコフェロール）：ある種のガンならびに心臓病を防ぐ；老化防止効果
供給源：アーモンド；アスパラガス；アボカド；マンゴー

葉酸：細胞新生を助ける；妊娠中にとれば先天的欠損症のリスクをさげる
供給源：アーティチョーク；ビーツ；ヒヨコ豆；ピーナッツ

鉄：疲労、貧血、生理痛を防ぐ
供給源：鳥肉；豆類；ナッツ類；赤身肉

グルコサミン：軟骨の形成と修復を助ける
供給源：天然の食物はない──コンドロイチンとともにサプリメントの形で摂取しなければならない（左記参照）

オメガ-3脂肪酸：老化防止効果
供給源：生の海草；生のマグロ；サバ；サケ

＊セレン：免疫系を強化する
供給源：ブラジルナッツ；魚；ニンニク；赤身肉

＊亜鉛：治癒の促進；集中力の増強
供給源：オイスター；カボチャの種；大豆

＊は抗酸化物質を示す

老化を遅らせる

老化は誰にでも起こる現象ですが、その経過をゆっくりにするためにできることがいくつかあります。健康な食生活を心がけるとともにランニング、ストレッチ、レジスタンストレーニングを含むプログラムを始めることで、老化の影響をやわらげることができるのです。さらにストレスレベルをごく低く抑え、日焼けを防げば、若々しい外見を保つのにすばらしい効果があります。熟年女性では、これらの対策によって更年期の症状のいくつかを遅らせたり和らげたりすることができます。

若さを保つエクササイズ

身体をよく動かしている人は、いろいろな意味で老化の徴候の現われが遅くなります。定期的にランニングすれば気分が明るくなりエネルギーレベルが高まるだけでなく、酸素を利用する能力も向上します。最大酸素摂取量——激しい運動中に身体が取得し利用できる酸素の最大量（p.110を参照）——は加齢にともない低下しますが、ランニングはその低下をゆっくりにします。肺が取り込む酸素が多ければ多いほど、身体は多くの酸素を使うことができるので、こうして効率よく酸素を取り入れるようになれば、老化の徴候を遅らせることができるのです。

つまり、酸素をたっぷり与えられた細胞は長生きしますが、それは皮膚や筋肉、さらには脳をつくりあげている細胞にもあてはまります。ですから、あなたもランナーのひとりとして、いつまでも若々しい素肌やひきしまった身体、鋭い頭脳を期待できます。ランニングにともなう強い衝撃は骨も強くして骨粗鬆症の発症（特に女性）を遅らせます。早く始めればそれだけ、骨は強くなります。ひきしまった筋肉が年齢とともに

バランスのとれた食事：牛乳をたっぷり飲みましょう。骨粗鬆症を防ぐと考えられるカルシウムを始め、さまざまなビタミンやミネラルを含んでいます。

失われるのはどうしようもないことですし、残念なことに、筋肉量は代謝率すなわち身体がカロリーを消費するわりあいを決定する因子のひとつです。そこで、ランニングに加えてレジスタンストレーニング（p.50〜57を参照）を行えば、筋萎縮の速度をゆっくりにして、老化にともなう体重増加を防ぐことができるわけです。ストレッチを習慣にすれば（p.40〜47を参照）、高齢になってもしなやかな身体を実感できるでしょう。

総合的なフィットネス計画で老化と闘う：健康なライフスタイルにランニング、ストレッチ、レジスタンストレーニングを組み合わせれば、老化の徴候の多くを撃退できます。

なぜ日焼け止めが必要か

太陽の紫外線（UV）はたとえ曇天であっても常に地球にふりそそいでおり、皮膚にはとても有害です。皮膚から水分を奪い、細胞の新陳代謝を遅くして、しわやしみという形の早期老化をもたらします。皮膚ガンの原因になることもありますので、少なくともSPF15の日焼け止めを常に塗って、適切な防護を心がけましょう。

食事とストレスレベル

　老化防止対策でものをいうのはエクササイズだけではありません。健全な食物を幅広く含むバランスのとれた食事も同じくらい重要です。果物や野菜は身体に不可欠の栄養素を供給してくれます。たとえばベータカロチンやセレン、ビタミンA、C、Eのような抗酸化物質などで、これらはフリーラジカルと呼ばれる有害な分子から細胞をまもると考えられています。強い骨を維持するため、女性は日常的にカルシウムサプリメントを摂取するか、ヨーグルトや牛乳のような乳製品を毎日2〜3単位とるようにしましょう。

　ストレスレベルをコントロールすることも、老化の徴候を遅らせるもうひとつの方法です。ストレスはアドレナリンやコルチゾールのようなホルモンの血中への放出を引き起こします。どちらも早期老化と関連があるとされていますので、なにごとも長い目で見て、人生につきもののささいな災難をあまりおおげさに考えないようにしましょう。

減量のためのランニング

減量を考えるなら、ランニングを始めるのもよい方法のひとつです。ほかのどんなエクササイズよりも多くのカロリーを燃やしますし、重たい筋肉をつけることなく下半身の調子を整えてくれます。とはいうものの、ランニングだけでは、たぶん充分な減量は得られないでしょう。食事内容も修正し、摂取するカロリー数とその質にも注意しなければなりません。以下の情報とアドバイスを参考にして、安全にしかも効果的に体重を落としてください。

ものをいうのはカロリー

最新流行のダイエット法のことは忘れましょう。ものをいうのはカロリーです。体重を落とす唯一の方法は摂取したよりも多くのカロリーを燃やすことなのです。1週間につき0.5kgが、安全な減量範囲です。0.5kgは3500カロリーに相当するので、これだけ落とすには1週間で3500カロリー削らなければなりません。といってもそれほど急速な減量をめざさないなら、ともかくカロリーが減ればある程度体重が減るのだと考えてください。食事を変えずにランニングを生活に取り入れても、いくらかは減量できるでしょう。ただし、着実に減量する最も健全な方法は、食事と運動の組み合わせによる方法です。

食事を変える

自分がふだんどれくらいのカロリーを摂取しているかを知ったうえで、もし必要なら制限や代替を考えなければなりません。まず1週間の食事の記録をとり、それに基づいて1日あたりのカロリー摂取量を推定します。そうすれば、どこをカットしどこに代替物を使うべきかがわかるでしょう。たとえば高カロリーのス

スリムな身体のために走る：カロリーコントロールとランニングは、余分な体重を落とすための必勝の組み合わせです。

ナック菓子を果物に替え、赤身肉を食べていたのを魚にし、全乳をスキムミルクにするといったぐあいです。食生活のこういった小さな変更でたちまち成果が現われることに、きっと驚くことでしょう。表（右記を参照）を参考に、さらに代替を進めてみましょう。

とはいうものの、1日の摂取量が1200カロリーより少なくてはいけません。定期的にランニングをしているなら、特にこの点は注意が必要です。そのようなきびしいカロリー制限では減量速度が速すぎて、脂肪ではなく、代謝の活発な筋肉が失われるかもしれません。そうなれば長いあいだには基礎代謝が低下し、将来の体重増加につながるおそれがあります。

数字のゲーム

RPEレベル6すなわちMHRの60％で走れば、1.6kmあたりほぼ100カロリーを燃焼させることができます。ですからランニングはカロリーの摂取と消費を微調整するのにうってつけの方法です。もし週に4日、4.8kmずつ走れば、その週は1200カロリー余分に消費することになります。もっと多く消費したいなら、さらに4.8km追加すれば、1週間で1500カロリー消費できます。走るほうを少なくして、代わりに、食べるカロリーのほうをもっと減らすこともできますし、その逆でもかまいません。

そのうえ、走ったあとはカロリーの燃え方が実際に速くなります。ランニングは代謝速度をあげますが、その活発な状態が走り終わったあともしばらく続くのです。つまり、走ったあと12時間も、そのまま高速でカロリーを燃やすことができるわけです。

ランニングで脚に筋肉がつきますが、筋肉組織は代謝が活発なので、筋肉が多くなればなるほど、安静時代謝も高くなります。そうなれば、たとえ休息日でも、ランニングを始める前より多くのカロリーを燃やせるようになるでしょう。

カロリーを減らすための代替品

これの代わりに	これを使えば	これだけカロリーが減る
アイスクリーム（240）	フローズンヨーグルト（170）	70
イチジクロールケーキ（111）	乾燥イチジク（66）	45
レギュラーココア（112）	砂糖抜きココア（55）	57
バナナブレッド（338）	バナナ（93）	245
レギュラーコーラ（150）	ダイエットコーラ（0）	150
アップルパイ（300）	焼きリンゴ（80）	220
生クリーム（62）	無脂肪ヨーグルト（30）	32
ピーナッツ（105）	カボチャの種（36）	69
チョコレート（250）	レーズン（60）	190
カプチーノ（140）	カフェオレ（60）	80
ビール（150）	ライトビール（100）	50
全乳（150）	スキムミルク（86）	114
チーズケーキ（257）	スポンジケーキ（110）	147

すべて同量につき比較した

高たんぱく食について一言

今はやりの高たんぱく食を試したことはおありですか？ 体重は減るかもしれませんが、必ずしも健全な食事ではなく、長く続けられるものでもありません。これからランニングプログラムを始めようというのなら、なおさらです。私の個人的な経験からいうと、こういったタイプの食事ではエネルギーレベルがずっと低くなってしまいます。炭水化物を排除した高たんぱく食は腎臓を始めとする内臓器官に負担をかけますが、長期的にはそれが害を及ぼす可能性があります。

もし身体が炭水化物から充分な量のエネルギーを得られなければ、当然効果的な走りはできません。多様な食物を適度に食べ、摂取した余分なエネルギーはランニングで燃やすほうが健康的です。

減量プログラム

ランニングは1.6kmあたり100カロリーと、ほかのどんな運動よりもすばやくカロリーを燃やすので、減量にはもってこいの方法です。減量プログラムを始める前に、まず毎日の平均的なカロリー摂取量を知らなければなりません。1週につき0.5kg減らすには、そのカロリーを食事の変更と運動の組み合わせで、1日につき500カロリー削る必要があります。

たとえばふだん1日に2000カロリー摂取していて、毎日1.6km走ることを始めるとすると、運動で毎日100カロリー燃やすことになります。したがって、500カロリー減らすためには、食事からは400カロリーだけ減らせばいいことになります（1600カロリーの摂取量）。走らない日には食事からの摂取量を1500カロリーに制限して、500カロリーの削減分を確保するようにしましょう。こうして1日につき500カロリー削れば、7日で計0.5kgの減量という結果になるはずです。

融通がきくうえに単純なのが、この減量プログラムのすばらしいところです。計画通りに走れないときは食べる量を減らせばいいのですし、もし豪勢なディナーに出席したなら、その週はもう一回余分に走ればいいのです。このプログラムには特別お勧めの食物も禁止食物もありません。単純な数式と常識がすべてです。

減量のためには、常に会話ペースで走るようにしましょう。右記の8週間プログラムは総合しておよそ4kgの減量をもたらすはずです。

週	日曜日	月曜日
1	ジョギング1.6km 400カロリー少なく食べる	休息日 500カロリー少なく食べる
2	休息日 500カロリー少なく食べる	ジョギング1.6km 400カロリー少なく食べる
3	ジョギング3.2km 300カロリー少なく食べる	休息日 500カロリー少なく食べる
4	ジョギング4.8km 200カロリー少なく食べる	休息日 500カロリー少なく食べる
5	ジョギング3.2km 300カロリー少なく食べる	休息日 500カロリー少なく食べる
6	ジョギング4.8km 200カロリー少なく食べる	休息日 500カロリー少なく食べる
7	ジョギング4.8km 200カロリー少なく食べる	休息日 500カロリー少なく食べる
8	ジョギング6.4km 100カロリー少なく食べる	休息日 500カロリー少なく食べる

減量プログラム　81

火曜日	水曜日	木曜日	金曜日	土曜日	総カロリー
ジョギング1.6km 400カロリー少なく食べる	休息日 500カロリー少なく食べる	ジョギング1.6km 400カロリー少なく食べる	休息日 500カロリー少なく食べる	ジョギング1.6km 400カロリー少なく食べる	−3500カロリー
ジョギング1.6km 400カロリー少なく食べる	休息日 500カロリー少なく食べる	ジョギング1.6km 400カロリー少なく食べる	ジョギング1.6km 400カロリー少なく食べる	休息日 500カロリー少なく食べる	−3500カロリー
ジョギング3.2km 300カロリー少なく食べる	休息日 500カロリー少なく食べる	ジョギング3.2km 300カロリー少なく食べる	ジョギング3.2km 300カロリー少なく食べる	休息日 500カロリー少なく食べる	−3500カロリー
ジョギング3.2km 300カロリー少なく食べる	休息日 500カロリー少なく食べる	ジョギング4.8km 200カロリー少なく食べる	休息日 500カロリー少なく食べる	ジョギング4.8km 200カロリー少なく食べる	−3500カロリー
ジョギング4.8km 200カロリー少なく食べる	休息日 500カロリー少なく食べる	ジョギング4.8km 200カロリー少なく食べる	ジョギング4.8km 200カロリー少なく食べる	休息日 500カロリー少なく食べる	−3500カロリー
ジョギング3.2km 300カロリー少なく食べる	休息日 500カロリー少なく食べる	ジョギング4.8km 200カロリー少なく食べる	休息日 500カロリー少なく食べる	ジョギング4.8km 200カロリー少なく食べる	−3500カロリー
ジョギング4.8km 200カロリー少なく食べる	休息日 500カロリー少なく食べる	ジョギング3.2km 300カロリー少なく食べる	ジョギング4.8km 200カロリー少なく食べる	休息日 500カロリー少なく食べる	−3500カロリー
ジョギング6.4km 100カロリー少なく食べる	休息日 500カロリー少なく食べる	ジョギング4.8km 200カロリー少なく食べる	休息日 500カロリー少なく食べる	ジョギング6.4km 100カロリー少なく食べる	−3500カロリー

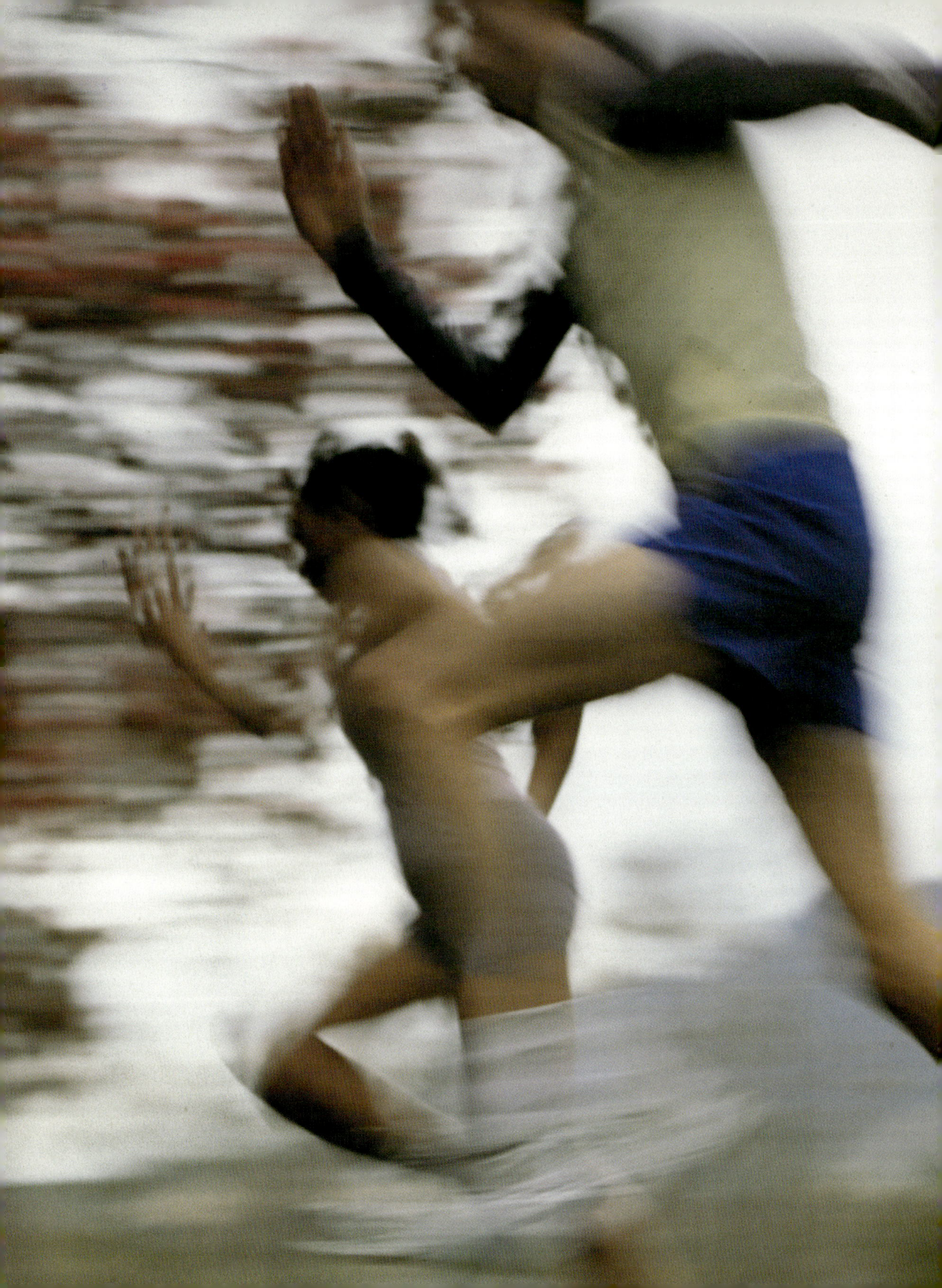

中級レベル以上の人のために

私の最初のランニングの記憶は、9歳のときに遊び場で鬼ごっこをしていたときのものです。最後までつかまらないでいることが、私の目標でした。走りながら、ほかの子たちから流れるように遠ざかる自分を想像しました。遊び場のへりのほうに向かうと、追いかけてくる子と自分との距離が広がるのが見えました。まるで宙に浮いているように、リラックスして自由な感じがしました。今でも、走っていて苦しくなってくると、このイメージを心に思い起こします。グラウンドをすーっと流れていく自分を想像し、ただ鬼につかまらないようにすることだけを考えるのです。

テクニック

初心者であろうとベテランランナーであろうと、生まれつき独自のランニングスタイルを持っています。今からそれを探しましょう。ピースをはめ込んでパズルをしあげるようなものだと考えてください。フットストライクやストライド、姿勢、腕の位置がどうであれ、それはあなたにぴったりのランニングスタイルで、なによりもまず気持ちよく感じられるはずです。遊び場を駆け回っていた子供の頃、あなたの身体は本能的に走り方を知っていました。長いあいだ忘れていたその自然なランニングスタイルをまた取り戻せばいいのです。

オリンピック選手でもスタイルはさまざま

私はランニングのフォームがいいとよく人に言われます。けれどもランニングフォームは人によってさまざまで、ある決まったフォームでなくては勝てないということはありません。ヨーロッパチャンピオンでベルギーのオリンピックマラソンメダリストのカレル・リスモンは、頭を右にひどく傾けて、すり足で走っていました。すぐれた作家でありオリンピック選手でもあったケニー・ムーアはかつて、以前のソビエト連邦出身のマラソンランナーの走りを、「アリを踏みつぶしている」と表現したものです。こういった例からもわかるように、あなたのランニングスタイルあるいはフォームがどうであれ、すぐれた成績をあげることは可能なのです。

リラックスして自然なスタイルを取り戻そう

鬼ごっこで遊び場を駆け回っていた子供の頃の自分を思い浮かべると、私はリラックスして自然なフォームを取り戻せます。このようなイメージ化はきっとあなたにも効果があると思います。スピードをあげよう、すぐれたテクニックを身につけようと思っている自分を、少しのあいだ忘れましょう。そして代わりに、子供に戻った自分が野原を気ままに駆けているところを思い描くのです。自然でリラックスしたランニングスタイルがひとりでに浮かんでくるでしょう。

腕の位置

腕のリズムと位置は、身体を前進させたりバランスをとったりするのに役立ちますが、正しいやり方が決まっているわけではありません。腕を曲げ、走りなが

あなたのランニングスタイルは持って生まれたユニークなものです：遊び場を駆け回っていた子供の頃、フォームのことなど考えなかったはずです。今も同じ、考える必要はないのです。

らせっせと前後に振る人もいます。腕をほとんど曲げず、あまり振らない人もいます。自然な腕の位置とリズムを考えるうえでいちばん大事なのは、自分の生まれつきのランニングフォームを補うようなものであることです。頭で考えて動きをコントロールするのではなく、何がいちばん自然に感じられるか、身体に語らせるのです。次のような運動（次頁を参照）を試して、理想的な腕の位置を見つけましょう。

腕の位置

自然な腕の位置を見つけるには、全身でランニングの動きをしてみます。こうすれば頭で動きをコントロールするのが防げ、腕が「行きたい」ところへ行くことができます。身体は本能的に、腕の動きを脚の動きに同調させるはずです。

腕はリラックスさせる

腕があがってくる

1 自然で楽な会話ペースでランニングを始めます。何も考えず、腕は両脇でぶらぶらさせます。

2 楽な位置まで腕があがってくるのを待ち、自然なリズムでスイングさせましょう。腕をどこに持っていこうかと考えてはいけません。ただ身体全体の動きにつれて動くのにまかせましょう。

姿勢

多くのランナーは姿勢を気にしすぎています。走っていて自然に感じられるなら、それが自分にとって正しい姿勢です。持ち前のランニング姿勢を変えようとがんばりすぎると、独自のスタイルが崩れてちぐはぐな動きになってしまい、不快感や損傷につながりかねません。ただリラックスして、遊び場を駆け回っている自分を思い浮かべましょう。そうすれば自然な姿勢がひとりでに現われます。ひとつ注意しておきますが、斜面を登るときにはどうしても身体の角度がわずかに変化します（下記を参照）。この変化に逆らってはいけません。ランニングにおいては、ほとんどの場合、何が正しいかを身体が本能的に知っています。自分の身体を信じましょう。

フットストライク

足が地面に着地して蹴るときのやり方、つまりフットストライクによって、ランナーはトゥストライカーとヒールストライカーに分かれます。あなたはどちらでしょうか？　フットストライクはランニング姿勢と関係があり、生まれつきの身体力学の一部です。ですから、変えようとしてはいけません。フットストライクがどうであれ、着地は常にそっと行うように心がけて、身体が吸収する衝撃をできるだけ小さくしましょう。

ほとんどのランナーはヒールストライカーです。つまり、まずかかとで着地し、順繰りに足をつけていって、つま先で地面を蹴ります。トゥストライカーは指のつけ根のところで着地し、それからかかとまでつけていくと同時に地面を蹴ります。万人にとって正しいフットストライクというものはありません。自分にしっくりくるフットストライクが、その人にいちばんいいフットストライクです。どれがスピードが出るとかどれが損傷が少ないとかいうことはありません。影響があるのは唯一、どういうタイプのシューズを買うべきかということだけで、ヒールストライカーにはヒールカウンターを補強したシューズが必要です（p.22〜23を参照）。

フットストライクと姿勢の関係

胴体には重心、つまり身体がバランスをとる中心となる点があります。身体は重心が両足の着地面の真上（まうえ）にくるような姿勢を自然にとるので、自然なランニング姿勢とフットストライクは互いに影響を及ぼしあいます。もしあなたがかかとで着地するなら、たぶんあなたはやや直立した姿勢で走るはずですし、つま先で着地するならおそらく少し前傾姿勢になるでしょう。

この姿勢とフットストライクの組み合わせは、身体がバランスをとるのを助けています。自然な組み合わせを変えないようにしましょう。フォームの一部をいじると、ほかの部分にも影響が出てしまいます。ただし斜面を登るときだけは例外で、ほとんどのランナーが前傾し、つま先で着地します。斜面に対して前傾したほうが登りやすいからです。

この写真からわかるように、私はトゥストライカーです：つまり足のつま先を最初に地面につけます。またわずかに前傾姿勢にもなっています。

テクニック　87

姿勢とフットストライク
このランナーはトゥストライカーです：胴体つまり重心が着地面の真上にくるように、わずかに前傾姿勢をとっています。

前傾姿勢
こうすれば重心が足の着地面の真上にくる

トゥストライカー
指のつけ根で着地し、かかとまで足をつけていくと同時に地面を蹴る

姿勢とフットストライク

このランナーはヒールストライカーです：胴体つまり重心がかかとの着地面の真上にくるように、わずかに身体を後ろに傾けています。

直立姿勢
こうすれば重心がかかとの着地面の真上にくる

ヒールストライカー
かかとで着地し、そこから足をおろしていって、地面を蹴る

体型とランニングスタイル

　身体の形と大きさはランニングに影響を与えますが、自分がどのタイプかを知り、長所をいかすようにすれば、体型がどうであれ、不利になるとはかぎりません。体型は外胚葉型、中胚葉型、内胚葉型の3つに大きく分かれます。外胚葉型は細くて長い体つきが特徴で、骨格はきゃしゃで筋肉がつきにくい体質です。中胚葉型はそれより筋肉質で、骨も重くて幅があります。

　内胚葉型は外胚葉型と中胚葉型双方よりもやや柔らかく丸みをおびた体形ですが、骨格は長さも幅も中胚葉型に似ています。といっても、ほとんどの人はどれかひとつだけの特徴を持つ極端な体型というより、これらが組み合わさった体型をしています。現実には、多くの人が内胚葉型と中胚葉型とのあいだのどこかにあてはまります。

どんな身体も勝利を手にできます

　もしあなたがオリンピックのマラソンに出たいなら、それほど背が高くなくやせているのがベストなのは確かです。けれどもこれは優れたランナーに必須の条件ではありません。それどころか、体型がランニングに不向きに見えれば見えるほど、競争での心理的な利点は大きいと、私は常々思っています。けれども、それより大事なことは、すばらしい走りは体型ではなくトレーニングしだいだということです。

　オリンピックの第一回女子マラソンの勝者のジョーン・ベノア・サミュエルソンは陸上競技には珍しい体型をしていましたが、果敢でしかもきわめて勝負強い選手でした。彼女の身体は典型的なランナータイプではありませんでした——比較的筋肉質で背が低かったのです。世界記録を何度も更新している英国のポーラ・ラドクリフは背が高くて痩せ型です。実際、彼女は女子マラソン史上最も背が高いランナーのひとりでしょう。どちらの女性も、生まれつきの肉体的な制約にもかかわらず、長距離ランニングの業績の頂点をきわめました。

有名なヒールストライカー：ニューヨークシティマラソンで何度も優勝しているアルベルト・サラザールは長距離ランニングの米国ならびに世界記録保持者でもあります。

生まれではなく育ち

　マラソンでの成功は国から国へと気まぐれに移動し、勝利は長年にわたってさまざまな国籍にまんべんなくばらまかれてきました。体型や文化よりもトレーニングがものをいった結果です。最近まで、オリンピック男子マラソンのメダルの多くは、東アジア型の体型のランナーのものでした。これと著しい対照をなしているのが、最近のオリンピックマラソンで金メダルを獲得しているエチオピア人男女のかぼそい体です。このことはマラソンでの成功が文化や体型によらずランダムに起こることをよく示しています。パターンはいっさいありません。金メダルをもたらすのは、生まれつきの身体的な特徴よりむしろ画期的なトレーニングです。

ストライドとピッチ

ランニングのペースを決めるのはおもにピッチとストライドです。ストライドの長さは走っているときの歩幅で、ピッチはある一定の距離を走るのに必要な歩数です。人それぞれに自然なストライドとピッチがあり、この場合もまた、自分で快適だと感じるものが、おそらくあなたにとって最も効果的なストライドとピッチとなるでしょう。

ストライドの長さ、つまり歩幅はあまりにも注目されすぎており、これをめぐる誤解の数々は損傷の原因にもなりかねないほどです。たとえば、ランニング初心者は不自然なほど歩幅を大きくとることがあります。一歩踏み出すたびにできるだけ多くの距離をかせごうと、意識的にそうしていることが多いようです。このような落とし穴にはまらないように気をつけましょう。ストライドを不自然に大きくすると自然なランニングフォームが乱れ、筋肉の損傷の原因になることがあります。

そもそも、もしあなたが少しでもストライドのことを考えているとすれば、そのこと自体、考えすぎの証拠です。ペースを改善したいなら、ストライドではなくピッチをあげることに注意を集中し、リラックスした状態を保つように努めましょう。こうしてピッチを速くすればリラックスした自然なフォームを維持することができ、ひいてはできるだけ柔らかく着地することにつ

長いストライドと短いストライド

ストライドの長さはランナーによってさまざまですが、ふつうは身長と体格によって決まります。長身のランナーはストライドが長く、背の低いランナーは短い傾向があります。もしあなたが長身で、スピードをあげたいと思っているなら、ストライドを徐々に長くしてみてください。けれどももし背が低いなら、パワーに注意を集中し、ピッチをあげてください（次頁を参照）。

長いストライド
もしあなたが背が高くやせ型なら、ストライドを長くしてペースをあげるようにします。ただし無理に大またにしてはいけません。肉離れの原因になることがあります。

短いストライド
もしあなたが背が低くてパワフルな身体の持ち主なら、ピッチを速く、つまり一定の距離を走るのに要する歩数を多くします。持ち前の筋肉のパワーをいかしましょう。

ながります。といっても、柔らかく着地するように「努力する」という意味ではありません。足を重くせず柔らかく着地するには、ピッチをあげると同時にリラックスした状態を保つようにするだけでいいのです。こうすれば筋肉の回復も速まります。

自分の強みをいかす

生まれつきの体型のことで悩むのはやめましょう。与えられたものを最大限にいかすことをめざし、トレーニングを通じてコントロールできるものに注意を集中します。ストライドまたはピッチを徐々に大きくすることによって、スピードを改善することができます。ただし両方ではなく、体型やトレーニングレベルによってどちらかいっぽうを選んで専念したほうが安全でしょう。

体型が違えば走りも違ってきますが、そこに優劣はありません。あなたに必要なのはただ、自分の強みを見つけてそれをいかすことだけです。もしあなたがポーラ・ラドクリフのように背が高くやせた外胚葉型でパワフルなストライドの持ち主なら、徐々にしかもリラックスした状態でストライドを長くしていくことに専念しましょう。もしジョーン・ベノア・サミュエルソンのように背が低く筋肉質（中胚葉型か内胚葉型）で小刻みのストライドの持ち主なら、ピッチをあげ、もっと速く足を動かしましょう。

ピッチ

下のふたりのランナーは体型が異なり、強みも異なります。上の外胚葉型のランナーはストライドの長さが強みで、わずかにストライドを長くしていっています。下のランナーは中胚葉型で、ピッチの速さが強みです。どちらも2本の木のあいだの同じ距離をまったく同じタイムで走っています。どちらが優れているともいえません。

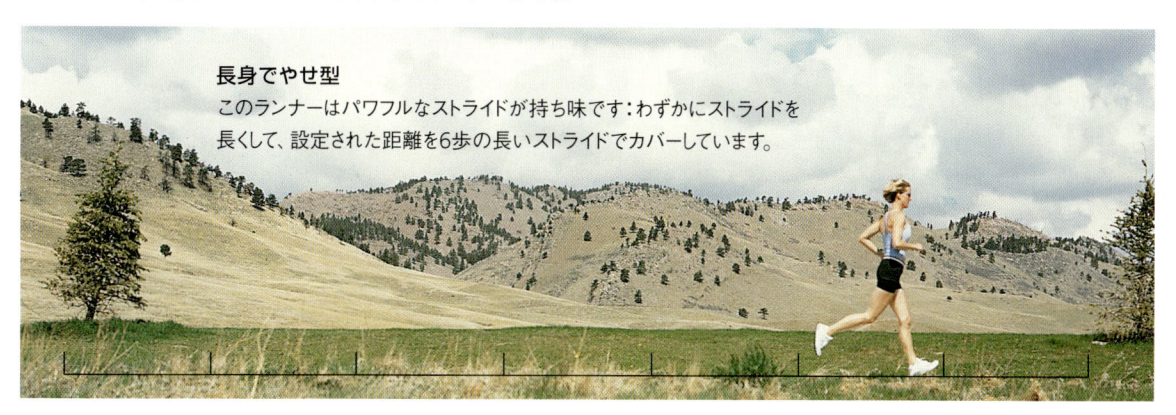

長身でやせ型
このランナーはパワフルなストライドが持ち味です：わずかにストライドを長くして、設定された距離を6歩の長いストライドでカバーしています。

小柄で筋肉質
このランナーはピッチをあげています：同じ距離を7歩のすばやいストライドで走っています。

トレーニングペース

　走るペース、つまりスピードは心血管系の能力だけで決まるのではありません。ストライドの長さと、ピッチ、つまり一定の距離を走るのに要するストライドの数にも左右されます。トレーニングのときのペースは自分にとっていちばん快適で自然な速さがよく、会話のできるペースが適当です。

　最後までこの会話ペースで走れる速さが最適なわけですから、平均的なペースを決める際には、きつい無酸素ランニング（ヒルトレーニングやインターバルトレーニングなど）は使わないようにします。1kmを走るのに要する平均分数を測って、トレーニングペースを推測しましょう。

　まず、いつも走っているのと同じ距離のコースを決めます。もしふだん8kmと思われるループを走っているなら、同じ長さのコースを地図上で正確に決め、誤差を最小限に抑えます。次にこのコースを会話ペースで走って、かかった時間を測ります。たとえわずかでも、ふだんより速く走ってはいけません。データの信頼性がなくなります。かかった時間を8で割れば、それが平均トレーニングペースです。もし50分かかったとすると、トレーニングペースは6分15秒／kmとなります。

レースペース

　レースペースはトレーニングペースよりわずかに速くてもいいでしょう。経験上、トレーニングペースよりも1.6kmにつき1分速いペースがよいとされています。したがって、トレーニングでは6分15秒／kmで走っているとすると、レースでは5分40秒／kmで走ることをめざします。とはいうものの、始めてマラソンに参加するランナーはトレーニングペースで走るべきでしょう。完走するだけでじゅうぶんです。

　レースの目標ペースまであげていくには、微妙なさじかげんが必要です。ストライドの長さとピッチの速さを「ともに」わずかに増しますが、どちらも10％以上増してはいけません。こうしてストライドの長さとピッチを少量だけ増やすことで、ペースを最大限に改善できます。これなら安全ですし、レースのあいだじゅう持続可能です。これより多くすれば不自然に感じられ、燃え尽きてしまうか損傷を起こすおそれがあります。

トレーニングペースからレースペースへの移行例

損傷や肉離れを避けるため、レースペースはトレーニングペースより1.6kmにつき1分以上速くならないようにします。下記の例を見て、この微妙な増加の感触をつかみましょう。タイムの分以下は四捨五入してあります。

距離	トレーニングペース	レースペース
	6分15秒／km	5分40秒／km
1.6km	10分	9分
5km	31分	28分
8km	50分	45分
10km	1時間2分	56分
21km	2時間11分	1時間58分
42.1km	4時間22分	3時間56分

トレーニングペースからレースペースへ

トレーニングペースとはふだん走っているスピードのことです。自然で快適に感じられるスピードが最適です。レースペースはトレーニングペースとは違って、一回限りのものです。1.6kmにつき1分まで、トレーニングのときよりもペースをあげますが、ストライドの長さとピッチを微妙に増すのがこつです。

楽なストライド

ストライドの長さが増す

トレーニングペースは会話のできる速さ（RPEレベル6、p.14～15を参照）で、身体が楽に感じられるペースでなければなりません。ストライドとピッチは自然に感じられるようにし、決して無理に大またにしないように。トレーニングペースを基準にして、レースペースを決めましょう。

レースペースにもって行くにはストライドの長さとピッチを10%だけ増しますが、無理をしていると感じるようではいけません。RPEはレベル7まであげることができます。これによって、トレーニングペースよりも1.6kmあたり1分まで速まったレースペースが得られるでしょう。

損傷と使いすぎ

ランニングは自分の整形外科的な弱点、つまり骨格の弱いところを見つけるのにもってこいの方法です。私はいつも、そういった場所のうずきや痛みを、トレーニングをいつどれくらい軽減すべきかを示す指標と考えてきました。ランニング中の足からの衝撃と反復動作は身体にとってストレスとなります。ですから、特定の部分の治癒にもっと時間がほしいとき、身体はシグナルを発する必要に迫られるのです。これは長い目で見れば、慢性の損傷を防ぐのに役立ちます。

テクニックと損傷

損傷はランニングテクニックの良し悪しとは関係がありません。身体の弱点がたまたま現われた結果なのです。こういった弱点が、オーバートレーニングや斜面の急激な駆け下り、硬すぎる路面での走り、ルートの固定化など、さまざまな要素によってさらに大きくなることがあります。かすかな痛みに気をつけましょう。これは損傷の初期の兆候ですので、必要に応じて代わりのトレーニング法に替えるようにします。

足もとに気をくばる

けがの多くはちょっとした不注意の結果ですから、足もとには常に気をくばりましょう。舗装のひび割れや盛り上がった木の根、路面のでこぼこに足を取られて大きなけがをすることもあるので、注意が必要です。つまずきが足首の捻挫のおもな原因となっています（予防のためのエクササイズについてはp.103を参照）。

急いで斜面を駆け下りることも避けましょう。整形外科的な悪夢の前奏曲となる可能性があるうえ、心血管系を鍛えるのにはほとんど役立ちません。風を受け、髪をなびかせて駆けくだるのは爽快かもしれませんが、一足(ひとあし)ごとに歩幅がどんどん大きくなり、スピードもあがります。身体への衝撃は平坦な走りや斜面ののぼりに比べてはるかに大きくなります。筋肉にも関節にも重い負荷がかかり、腰痛の下地がある人は特に危険です。

骨と軟骨の損傷

痛みが軟部組織（筋肉や腱）の損傷によるものか、骨や軟骨の損傷によるものかをみきわめるのはむずかしいものです。後者のほうが深刻で、即刻、安静と医学的な処置が必要です。経験上、痛みが激しくて腫れやあざを伴うようなら、軟骨または骨に関連した傷害と考えていいでしょう。スタートしたときから一定の痛みが続いたり、関節（膝、足首、股、つま先など）を中心に痛むようなら、すぐに走るのをやめて医師にみせましょう。6週間もの休息が必要なこともあります。このタイプの故障があるのに走ると、恒久的な損傷を起こすおそれがあります（骨折について詳しくはp.96を参照）。

筋肉の損傷

骨の損傷ほど深刻ではないものの、肉離れは非常に痛みが激しい場合もあり、やはり6週間もの休息が必要なこともあります。びっこを引きながら走るようなことはやめましょう。そんなことをしても身体を鍛えるのにはなんの効果もありません。それどころか、妙なフォームのせいでほかのところにまで故障が生じるおそれがあります。

もしどこかに少しでも張り(痛みではなく)を感じたら、早めに手をうって、本格的な故障になるのを防ぎましょう。ランニングを減らして、代わりに水泳やサイクリングのような衝撃の少ないトレーニングをします。さらに、以下に述べるストレッチや強化エクササイズ(p.97〜105を参照)を行って損傷を防ぎましょう。

損傷と使いすぎ 95

安全の鍵は平坦で滑らかな路面
トラックのように、平坦ででこぼこがなくランニングの衝撃をかなり吸収してくれる路面を走れば、損傷の起こる率を最小限に抑えられます。

損傷の予防

ランニングによる損傷はさまざまな部位に起こりますが、いちばん多いのは足、足首、向うずね、膝、背中、腰です。これらはふつう、骨や軟骨か、軟部組織つまり筋肉が傷ついたことによって起こります。とはいえ、自分のいちばん弱い部分を知っていれば、いくつか予防策を講じることができます。たとえわずかでもうずきや痛みがあるときには身体の声によく耳をかたむけ、以下のヒントやエクササイズを参考にして、本格的な損傷を防ぎましょう。

シンスプリント：原因と症状

ランナーに多い「シンスプリント」は使いすぎによる損傷で、下肢前面の上部や下部に発生する痛みをひっくるめてこう呼びます。正確な原因については研究者のあいだでも意見が分かれていますが、多くの専門家は、ふだんの走行距離や強度を急激に増した結果であると考えています。

若いランナーでは脛骨前面のひび状の疲労骨折に原因があるのに対し、熟年ランナーの痛みはすねの筋肉を包む鞘が脛骨から離れることによって起こることもあります。

シンスプリント：予防と修復

シンスプリントがそもそも起こらないようにするには、走りの距離や強度を急激に増加させることを避け、向うずねを定期的にストレッチします（次頁を参照）。もし脛骨のひび状骨折が原因なら、走るのをやめてすぐに医師にみせましょう。骨折が治るまで、6週間はランニングやその他の衝撃の強いスポーツを完全に休んだほうがいいでしょう。

筋肉が炎症を起こしたり鞘が骨から離れたりといった軟部組織の問題の場合は、すねを冷やしてマッサージし、休めます。布にくるんだ氷でマッサージし、マッサージを止めてすねに温かみが戻るのをまち、またマッサージを繰り返します。これはずきずきする軟部組織の炎症の緩和に役立ち、循環をよくして治癒を早めます。鞘が骨に再付着するのも助けます。

骨折とホットスポット

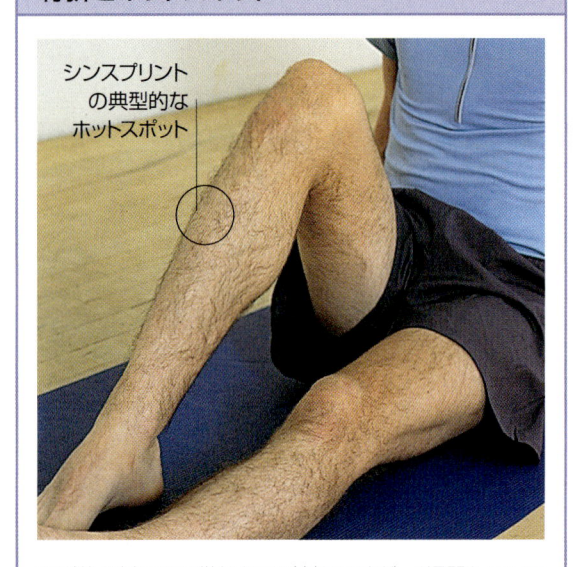

ひび状骨折は骨の微細なひび割れですが、6週間もランニングができなくなることもあります。幸いなことに、骨折の前には「ホットスポット」という危険信号があります。骨折が起こり始める場所は熱を持ったりうずいたり、触ると痛かったりするのがふつうなので、こう呼ばれるのです。

始めのうち痛みは断続的ですが、やがて持続するようになります。ホットスポットをすぐに休め、少なくとも2週間は何か衝撃のない有酸素運動に切り替えましょう。充分に治ればまたランニングを始めることができます。ホットスポットがあるのにランニングを続ければ、本格的な骨折が起こって長期間休まなければならなくなるでしょう。2週間活動を控えめにするのを嫌ったばかりに、6週間も走れなくなるのです。

損傷の予防　97

シンスプリントを防ぐストレッチ

これは張りつめたすねの筋肉を伸ばして緩めるエクササイズで、シンスプリントの予防に役立ちます。走る距離や強度を最近引き上げたなら、このストレッチを毎日行ったほうがいいでしょう。もしホットスポット（前頁を参照）があるように感じるなら、ひび状骨折があるかもしれないので、走るのをやめてすぐに医師にみせましょう。

1 カーペットやマットのような柔らかいものの上に膝を折って座り、手を膝のうえに置きます。足は身体の両側に出し、すねの前面をマットにぴったりつけます。

2 かかとのあいだに身体を落として少し後ろにそらし、10〜15秒そのままにしてから、力を抜きます。3〜5回繰り返します。

両手は膝の上に置く

お尻は足のあいだに

ここが伸ばされるのを感じる

膝の損傷

若かった頃私は、自分の膝は永遠に故障知らずだと思っていました。頑丈で、酷使にも耐えそうにみえたのです。膝蓋骨が不釣合いなほど大きく、膝のトラブルとはまったく無縁だったのですが、それも50歳まででした。50歳にして、右膝の軟骨がすっかり磨り減ってしまったのです。もちろんそれまでにはとほうもない距離を走っていたわけですし、ランニングシューズに決まった寿命があるように、膝にも寿命があります。それでも、以下の予防エクササイズと長持ちさせるためのこつを使えば、膝の寿命を延ばすことができます。

原因と症状

膝の故障はごく一般的で、ほとんどのランナーは長年走っているうちにいつかは何らかの種類の膝の不具合を起こすものです。いちばん多いのは膝蓋骨の裏の軟骨が弱くなる、つまり磨り減ることによる不具合です。この軟骨は骨と骨の摩擦の緩衝装置の役をしていて、もしこれがちょうど私の場合のように完全に磨り減ってしまうと、激しい痛みが起こります。私の右膝の裏側の軟骨は磨り減ってほとんど何もない状態になっていました。

膝関節を支えている軟骨が歪んだり裂けたり移動したりしても、膝の痛みが起こります。これはかなりの痛みを引き起こし、膝のしっかりした支えがないので、快適な動きが妨げられます。

膝の外側の痛みは腸脛靱帯症候群（ITBS:Ilio-Tibial Band Syndrome）と呼ばれる障害によって起こることもあります。腸脛靱帯の強度や柔軟性が足りない状態です。この筋肉はももの外側を下って脛骨の外側部に付着していますが、そこは膝のすぐ下にあたります。このような構造によってランニング中の膝の安定を助けているわけですが、摩擦（ランニングの動きによって生ずる）によって腸脛靱帯が過敏になり痛みを発するようになることがあるのです。

予防と修復

楽しみのために走る人たちはエリート選手ほどの距離を走破するわけではなく、したがって軟骨を全部すり減らしてしまう可能性は低いでしょう。それでも、できるだけ多くの予防策を講じて劣化を防いだほうが賢明です。膝の痛みの発症を防ぐため、次頁のよ

ニー・ブレースの効果は？

膝の痛みを和らげるのに、サポートとも呼ばれるニー・ブレースが効果的なこともあります。いくつかのタイプがありますが、ほとんどは膝を保護あるいは支持するか、痛みをもたらす膝の動きを制限することによって、効果を発揮します。

一般的に、ニー・ブレースは損傷が起こったあと、特に膝の前面を痛めたあとに使うのが最も効果的ですが、予防のために着けている選手もいます。簡単なブレースは薬局でも買えますし、もっと専門的なタイプは医師から購入できます。ただし、もし痛みが1週間以上続くなら、医師にみせる必要があります。

うなエクササイズを用いて、膝を安定化させる筋肉を強化しましょう。さらにニー・ブレースを装着すれば、ランニング中に膝を安定化させて痛みを最小限に抑えることができます。これはしっかりしたスポーツ専門店ならどこでも売っています。痛みが極端だったり慢性化したりしたときには矯正手術が必要な場合もあるので、かかりつけの医師に相談しましょう。幸いなことに、ある種の膝の手術は比較的簡単な日常的な手術です。

もしあなたがITBSなら、次頁のエクササイズは痛くてできないでしょう。ふだんよりもランニングの回数を減らし、ストレッチ（p.42〜44を参照）をして、布にくるんだ氷を定期的に膝にあてましょう。

膝の損傷　99

膝の損傷の予防エクササイズ

膝の損傷を予防する鍵は、膝関節を正しい位置に保持している筋肉の強化です。それによって膝蓋骨の異常な動きが最小限に抑えられると同時に、衝撃に対する緩衝効果も高まります。このエクササイズは、膝の外側の痛みを特徴とするITBSをわずらっている人には適さないかもしれません。

1　ベンチか椅子に背筋を伸ばして腰かけ、バランスをとるために座面の下部をつかみます。右脚をゆっくり、上体と直角になるまで持ち上げます。

2　10〜30秒、または膝の周囲の筋肉がびりびりしてくるまで、脚をこの位置に保ってから力をゆるめます。脚を入れ替え、それぞれ3〜5回繰り返します。

背中をまっすぐに立てておく

脚は上体と直角に

背中と腰の痛み

多くのランナーは背中の痛みを経験しますが、その原因は骨格の問題から神経の圧迫や筋肉の緊張まで、実にさまざまです。背中の痛みと腰の痛みはともにめずらしいものではなく、互いに関連があることも少なくありません。梨状筋が張りつめていると、背骨を構成する骨のつらなりである脊椎を圧迫して背中の下部の痛みを引き起こすことがあります。ともあれ、もし背中の痛みが激しいなら医師にみせましょう。

原因と症状

筋肉の緊張は背中の痛みの原因として最もありふれたものですが、深刻度はいちばん軽いでしょう。ランニングの着地の衝撃で背中の下部の緊張が増すことがあり、それが不快感をもたらします。最もよくみられる原因のひとつに梨状筋症候群があります。これは実は殿部の梨状筋による症状です。ランニングの反復動作が殿部に極度の緊張を生じさせ、それが梨状筋の炎症をもたらすことがあります。すると今度はその腫れた筋肉が、殿部を通って脚までくだっている坐骨神経を圧迫します。これが背中の下部や腰、殿部、片方の脚の不快感につながるのです。

背中の痛みのもうひとつの原因も神経の締めつけによるものですが、筋肉ではなく骨格に問題があります。ランニングに伴う衝撃で、脊椎の小さなクッションとなっている椎間板が圧縮されます。梨状筋症候群のときのように、これによって脊髄の神経根が締めつけられることがあり、それが痛みの発作をもたらすのです。

背中の神経の締めつけをみるために、友人に手伝ってもらって足の親指の強さをテストしましょう。地面に座って両脚を前に出します。かかとを地面につけたまま、友人に親指をつかんでもらいます。それをそっと前方に押し下げてもらい、あなたはその動きに抵抗します。もし親指に力がはいらず前方に倒れてしまうようなら、神経が圧迫されているかもしれません。

姿勢をチェックしよう

背中の痛みは姿勢が悪くても起こります。片脚だけに体重をかけたり、立ったり座ったりしているときにだらりと前かがみになったり、背骨の弯曲が極端だったりといった傾向があると筋肉が張りつめ、背中に必要以上の負担になります。身体のつくりは人それぞれですから、よい姿勢も人によって違うのは当然ですが、背骨は必ずわずかにS字形にカーブしていなければなりません（横から見たとき）。姿勢をよくするには、背骨のひとつひとつの椎骨のあいだの空間を引き伸ばすようなつもりになりましょう。背筋をぴんと伸ばして立つと、背中の筋肉や骨にかかる圧力をさげることができます。ピラティスやアレクサンダーテクニックも姿勢をよくするのに役立つと考えられています。

予防と修復

ほとんどの場合、緊張を緩めることが、背中の痛みを緩和する鍵です。梨状筋症候群なら梨状筋のストレッチ（次頁上を参照）をしてみましょう。これは殿部の梨状筋を弛緩させて伸ばし、炎症をやわらげ、それによって坐骨神経への圧迫を取り除きます。

背中を緩めるストレッチ（次頁下を参照）も、椎骨の圧縮に伴う痛みの緩和に有効です。締めつけられた神経の周囲の筋肉が張りつめて、鋭い痛みをもたらす傾向があるからです。背中の下部の筋肉が弛緩し、圧縮されていた椎骨が伸びるところを思い描きながら、背中の下部をストレッチして背骨を床に押しつけましょう。ただし、痛みが持続するようなら医師にみせます。

背中と腰の痛み **101**

梨状筋ストレッチ

よく背中の下部が痛むなら、梨状筋が犯人かもしれません。この穏やかなストレッチを毎日行って、殿部の深いところにある梨状筋を緩め、背中の下部の緊張を取りましょう。痛みを悪化させないように、このストレッチを行うときには力を入れすぎないように注意しましょう。

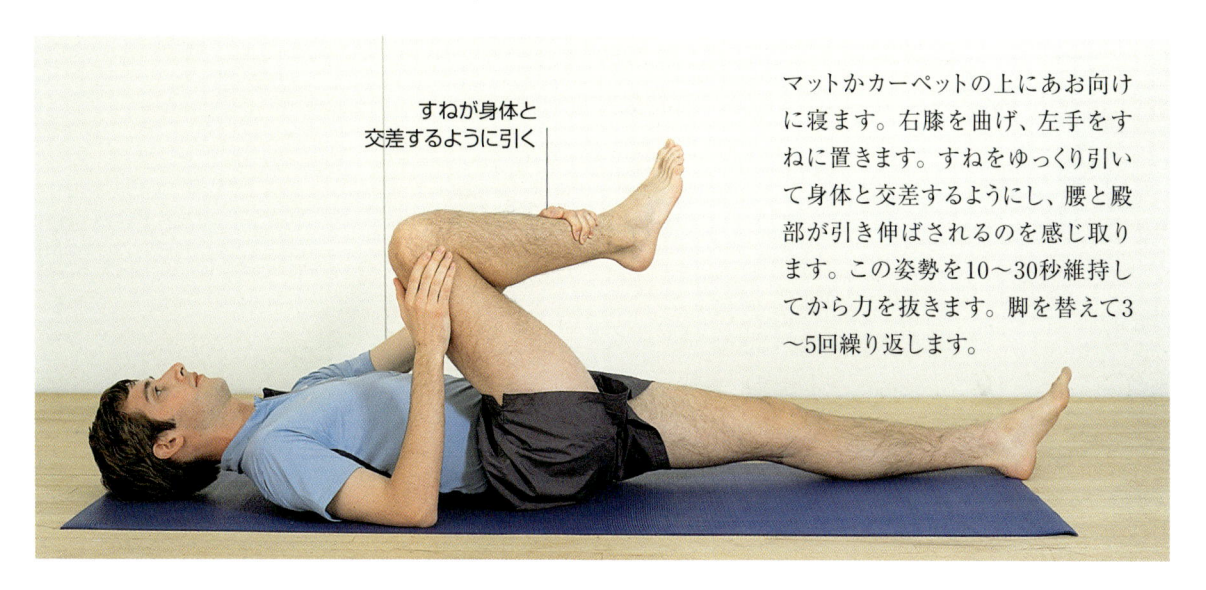

すねが身体と交差するように引く

マットかカーペットの上にあお向けに寝ます。右膝を曲げ、左手をすねに置きます。すねをゆっくり引いて身体と交差するようにし、腰と殿部が引き伸ばされるのを感じ取ります。この姿勢を10～30秒維持してから力を抜きます。脚を替えて3～5回繰り返します。

背中を緩めるストレッチ

背中の下部が硬く張りつめていると痛みの原因となることがあり、痙攣や鈍いうずくような痛みをもたらします。背中の痛みに悩む人の多くが、下記のようなエクササイズと心理的なトリックを組み合わせるのが効果的であることを実感しています。このストレッチを行いながら、背中の緊張が溶けていくところを思い描きましょう。

膝のすぐ下のところを抱える

マットかカーペットの上にあお向けに寝ます。右膝を胸のほうに曲げます。両手で膝のすぐ下のところを抱えて脚を身体に引きつけます。背中の緊張を緩めて床に10～30秒押しつけてから力を抜きます。脚を替えて3～5回繰り返します。

足と足首の損傷

足にはやさしくしてやりましょう。あなたのために走ってくれるだいじな足です。土踏まずのアーチ、足首、爪の問題や水虫はどれも大きな被害をもたらしかねないので、問題が起こる前にあらかじめ予防策を講じて、ランニングプログラムに支障が出ないようにします。足の健康をまもるために、102～105頁の予防策を実行しましょう。足の形とサイズに適したシューズの見つけ方については20～23頁を参考にしてください。

原因と症状

ランニングに伴う足や足首の故障でよくみられるのは足首の捻挫、まめ、嵌入爪（巻き爪）、土踏まずの痛み、外反母趾、水虫などです。ほんの少しの配慮で、ほとんどの問題は簡単に予防できます。

予防と矯正

足首の捻挫のおもな原因はでこぼこした路面でのつまずきまたは足首の弱さですが、弱さのほうは強化エクササイズ（p.103を参照）で矯正できます。まめは足に合わない靴による摩擦が原因で、ひどい水虫は湿ったソックスやシューズに原因があることが多いようです。爪の横の部分が皮膚内に伸びてしまう嵌入爪は、爪の切り方が悪いうえに切りすぎたりすると起こりやすいものです。足の骨が遺伝的に過剰に成長する外反母趾は、きつすぎるシューズで悪化することがあります。また土踏まずの痛みは、高いアーチが弱くてつぶれるときに起こるのがふつうです。103頁の予防エクササイズを行って足と足首を強化しましょう。

適切な足のケア

足はいつも強い衝撃を受け止めているのですから、それなりの配慮が必要です。ソックスとシューズは足に合ったものを選びましょう。でないと、まめから外反母趾まで、いろいろなトラブルの原因になります。痛い嵌入爪を防ぐには爪の切り方にも注意し、ランニング中には足の滑りをよくしてまめを防ぎます。ランニングをしていないときにはできるだけ足を乾燥させておき、痒みやひりひり感をもたらす水虫がはびこるのを防ぎましょう。もし水虫にかかってしまったなら、病院で抗真菌薬を処方してもらえますし、市販の薬もあります。土踏まずの痛みや足首の弱さには、103頁のエクササイズをいくつか試してみましょう。もし土踏まずの痛みが持続するようなら、専門家に相談して矯正器具（p.22を参照）を使ってみてもいいでしょう。

嵌入爪を防ぐ
足の爪はまっすぐに切ります。爪の角を深く切り込んではいけません。爪が皮膚に食い込むように伸びるのを奨励することになってしまいます。

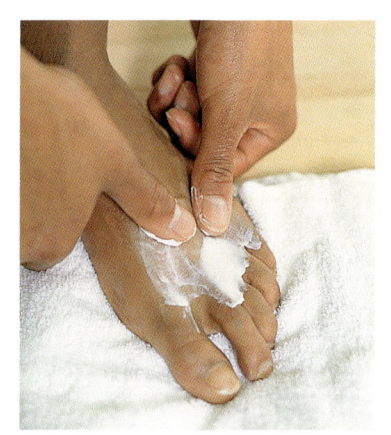

まめを防ぐ
マッサージ用ワセリンか濃い保湿クリームを足にすりこみます。これがバリヤーとなって摩擦から足を保護してくれます。

足と足首の強化エクササイズ

ここにあげたエクササイズは足と足首の強化にすばらしい効果があり、損傷を防ぐのにとても役立ちます。

最大限の効果をあげるために、毎日少しずつ時間をさいて、これらのエクササイズを行いましょう。

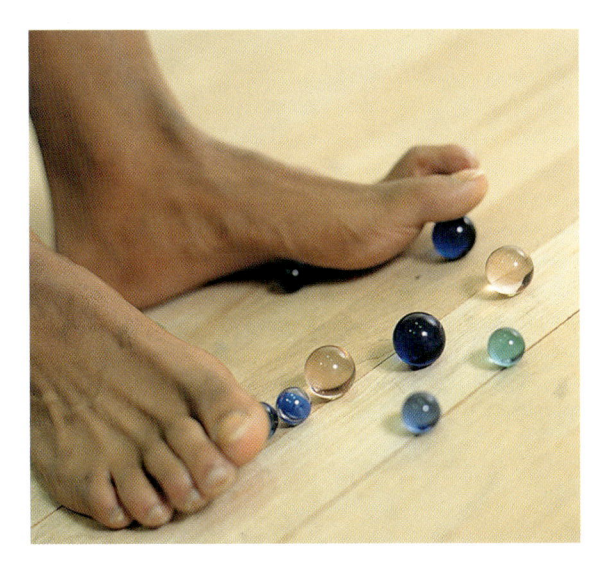

つま先でビー玉をつまみあげる動作は足全体の強化にとても効果があります。つま先と土踏まずの筋肉の訓練ですので、それぞれの足で毎日少5回くらい行いましょう。見た目は簡単そうですが、なかなか手ごわいですよ!

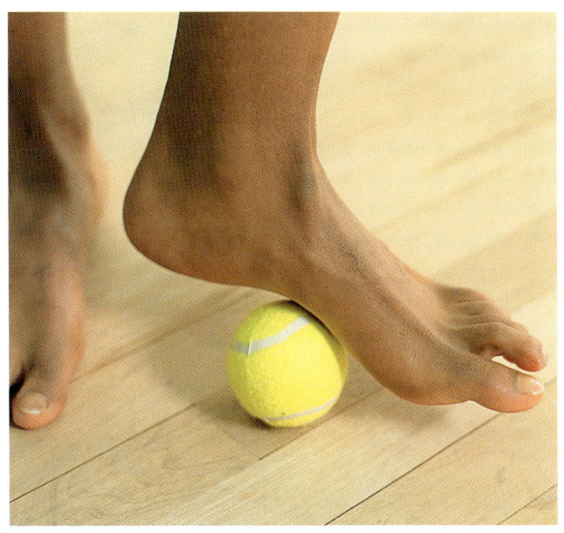

椅子に座って、土踏まずでテニスボールを転がします。それぞれの足で毎日3〜5分行いましょう。筋肉の充分な収縮を妨げる瘢痕組織の小さなかたまりをほぐすのです。このかたまりがなくなれば足の筋肉が緩み、土踏まずが歪まずにアーチを描くようになります。

土踏まずと足首を強化するストレッチです。くしゃくしゃにまとめたタオルを床に置きます。壁や家具に手をついてバランスを取りながら、タオルをつま先でつまんで持ち上げます。タオルをつまんだまま、足首を時計回りに360度回します。次に反時計回りに360度回します。これを3〜5回行い、足を替えて繰り返します。

足底筋膜炎：原因と症状

かかとまたは土踏まずが激しく痛む足底筋膜炎は、ランナーにとても多い深刻な軟部組織障害です。痛みは持続性で歩くと強くなり、動かさないでいたあとには特にひどくなる傾向があります。

筋膜と呼ばれる軟部組織が、土踏まずを形成し、かかとと指のつけ根のふくらみを結びつけています。足底筋膜炎はこの筋膜が過剰に引き伸ばされたり、極端な場合には断裂した場合に起こります。ランニングのストレスが集中するポイントなのでランニングの反復動作によって悪化しやすく、しかもなお悪いことにたまたま血流の比較的乏しい部分でもあります。ですから毎日のように刺激されて充分に治る間がないうえ、断裂にも弱いのです。

足底筋膜炎：予防と矯正

ランニングを即刻、しかも6週間も完全に中止しなければならないので、足底筋膜炎はすべてのランナーにとって悪夢です。とはいうものの悲観してばかりいないで医師にみせ、その助言に従いましょう。治るまでのあいだは足を定期的にマッサージし（次頁を参照）、布にくるんだ氷を痛む場所にあてるのがいいでしょう。足底筋膜炎を防ぐには、最初に痛みを感じたときにランニングを縮小し、105頁の両方のエクササイズを行います。

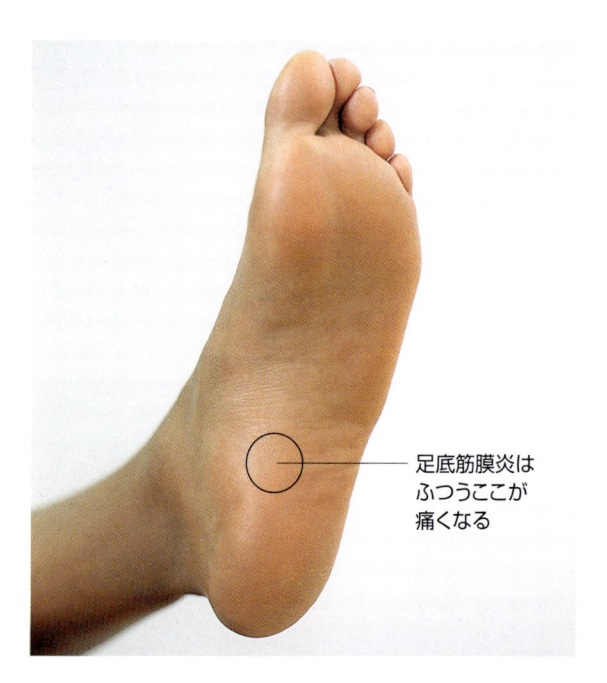

けれども、6週間の休息期間中はあらゆる運動をあきらめなければならないわけではありません。代わりの有酸素運動に切り替えて運動の習慣をまもり、体力レベルを維持します。もし運良くプールが利用できるなら、泳いでプールを往復しましょう。私の泳ぎのテクニックはとてもお粗末なので、すぐに心拍数があがって、いい運動になります。

踵骨棘（しょうこつきょく）：原因と症状

この状態になると、かかとと土踏まずの両方または片方が痛くなります。症状は足底筋膜炎の場合とほとんど同じです。踵骨棘は外傷によって筋膜が断裂したとき形成されます。裂けた組織から出血した血液の小さな粒が踵骨の一部になり、その結果できた踵骨棘はまさに新しく形成された骨で、小さなこぶのように感じられます。足が着地するとき、これが周囲の組織にひどい痛みを引き起こすことがあるのです。

踵骨棘：予防と矯正

腫れをやわらげるには、布にくるんだ氷を痛い場所に、一回につき10分ずつあてます。衝撃を吸収するヒールパッドや土踏まずを支える矯正器具を使ってもいいでしょう。これらは筋膜の小さな亀裂を防ぎます。痛みが非常に強いときは手術で取り除く必要があるかもしれません。踵骨棘を防ぐため、土踏まずの支えが充分なシューズを履き、105頁のマッサージを試してみましょう。

足底筋膜炎はふつうここが痛くなる

足底筋膜炎：踵骨棘と似ていますが、足底筋膜炎では痛みがかかとよりもわずかに土踏まず寄りにあります（左図を参照）。踵骨棘ではかかと自体を中心に痛みがあります。

足と足首の損傷　105

足底筋膜炎と踵骨棘のためのエクササイズ

このエクササイズは足底筋膜炎と踵骨棘の双方の予防と痛みの緩和に効果的です。予防ストレッチ（下左）は土踏まずの組織をしなやかにして微細な亀裂を防ぎます。マッサージ（下右）は踵骨棘の形成を防ぎながら、足底筋膜炎の痛みをやわらげます。

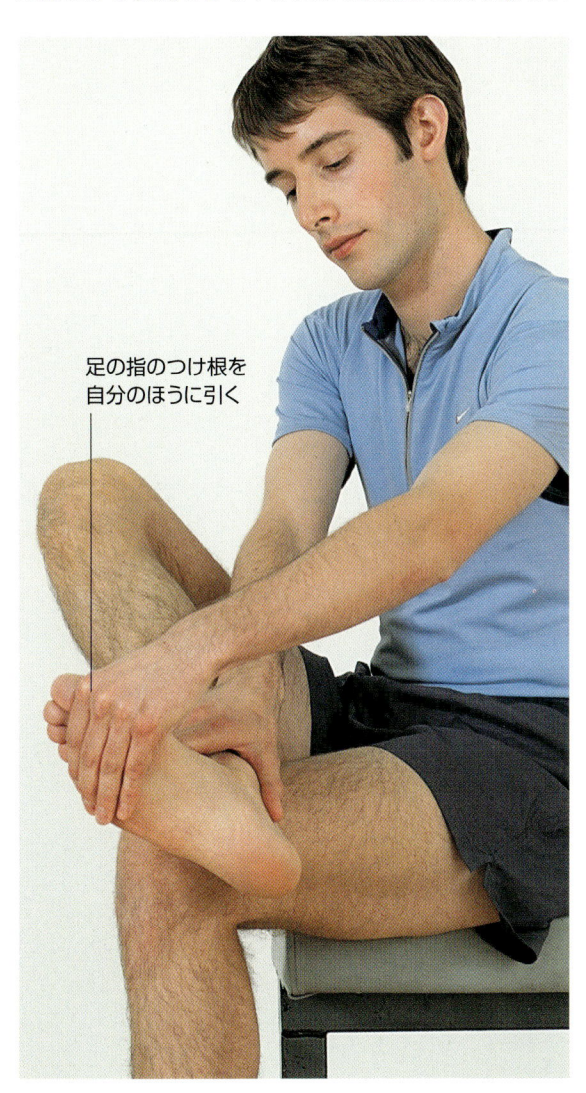

足の指のつけ根を自分のほうに引く

親指でマッサージする

予防ストレッチ

土踏まずをしなやかにするためにこのストレッチを毎日行い、足底筋膜炎と踵骨棘を防ぎましょう。片方の脚をもう片方の脚の上に交差させ、足指のつけ根のふくらみをつかんで、自分のほうにそっと引くようにします。そのまま10～30秒おいてから、力を抜きます。足を替え、どちらの足にも2回ずつ行います。

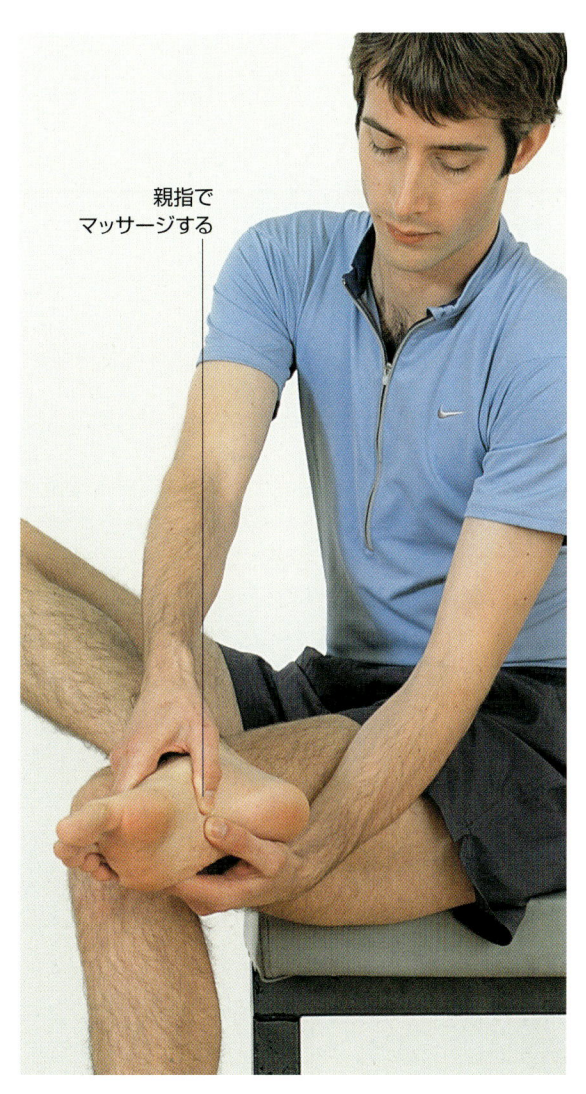

痛みをやわらげるマッサージ

足底筋膜炎になってしまってから痛みをやわらげるには、必要に応じて、両手の親指の腹を使って痛む場所をマッサージします。踵骨棘の形成を防ぐため、最初に圧痛を感じた時点で、両方の土踏まずを縦横にマッサージしましょう。

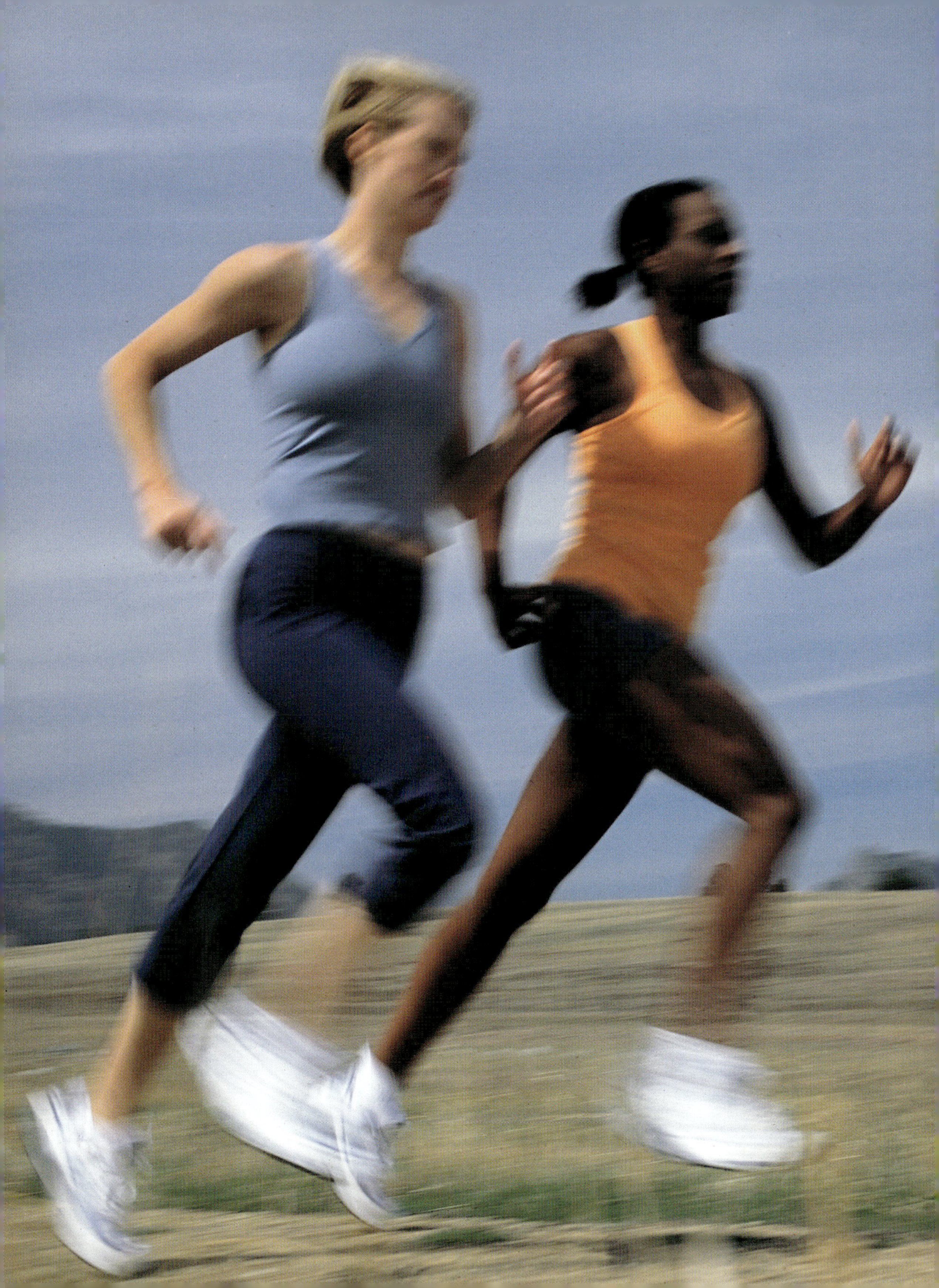

上級レベルから
さらに
上をめざす

一年間ランニングを続けてきたあなたは、走る距離を増やしてもペースが伸びないと感じているのではないでしょうか。私の考えでは、これはあなたの心血管系——私は「エネルギー輸送システム」と呼んでいます——の能力が横ばいの状態になったことと関係があります。そういう意味では、あなたは国際競技の選手と同じくらい、ひきしまった身体になっているわけです。いよいよ、無酸素運動をトレーニングに取り入れて成績の改善をはかるべきときがきました。心配はいりません。週に一度だけで充分に効果があがります。

装備

ランニングのいいところは、ほんとうにわずかな装備しかいらないことです。それなりの服を着てシューズを履き、ドアから出て走るだけです。トレーニング中の心拍数の見当をつけるには、腕時計があって数を数える能力がありさえすればいいのです。とはいうものの、もっと正確なやり方でトレーニングしたいなら、ランニング中に使えるさまざまな装備があります。ここではランナーの役に立つ装備のいくつかを簡単に紹介しましょう。

心拍数モニター

トレーニング計画にインターバルトレーニング（p.110～15を参照）を追加したいという段階に達したなら、心拍数モニターを使うことを考えてみてもいいでしょう。1分あたりの心拍数（BPM：Beats per Minutes）を測定することによって、身体が今どれくらいがんばって働いているかを、瞬時に正確に教えてくれます。使う前に、RHR、MHR、最適トレーニングゾーン（p.14～15）といった概念を理解しておく必要があります。心拍数モニターはふたつの部分からなっています。胸のまわりに装着して心臓のBPMを数えるモニターと、モニターの読みを表示する一見腕時計のようなディスプレースクリーンです。デジタル腕時計を用いて自分で脈を測ってもいいのですが、心拍数モニターより時間がかかりますし正確さの点でも劣るでしょう。

全地球位置把握システム（GPS）

郊外や田園地帯でのランニングでは、携帯型のGPSがトレーニングのモニターにとても役立ちます。ハイカーがよく使っていますが、人工衛星を利用して自分の位置を知る装置です。手ごろな値段でたいていの電器店で手に入ります。高品質のモデルは防水になっていて重さもほどほどです。これを使えば走った距離、標高、平均速度、所要時間が測れます。ただし電池で動く装置であることを忘れないように。電池を入れればその分だけ重くなります。

レース用の「チャンピオンチップ」

マラソンのようなレースに参加するようになると、「チャンピオンチップ」と呼ばれる装置のことを小耳に挟むかもしれません。この小さなプラスチックの装置は特殊な技術とバーコードを使って、レース中の正確な正味タイムとスプリット（一定のレース区間でのタイム）を教えてくれます。耐水耐候性のチップをシューズの紐につけておくと、走路に置かれたセンサーパッドの上を通過するたびにタイムを表示するのです。

そのチップに対応したセンサーパッドを使っているレースでしか使えないので、たいていのランナーはマラソンの主催者からチップを借ります。チップはレースの前日に借りることができ、レースが終わりしだい返却します。主催者やその他の専門の会社から購入することもできます。

歩数計

この小さな装置は、ベルトに挟んでおき、あらかじめプログラムしておいた歩幅に基づいて、走った距離を計算します。速度やタイム、消費カロリーも推定します。

なかには防犯アラームがついているものもあり、安全対策に役立ちます。値段も安く、たいていのスポーツ店にあります。ただし、走った距離の測定についてはGPSほど正確でないことが多く、心拍数モニターと違って、もともと運動のレベルを測定するものではありません。

装備 109

心拍数モニター
この装置は胸のまわりに装着した送信機を通じて正確な心拍数を測定し、次いでその情報をデジタル腕時計のような装置(右図を参照)に表示します。

この腕時計のような装置の表示は、私の今の心拍数が62BPMであることを示しています。

インターバルトレーニング

一年ほどトレーニングを続けると、多くのランナーは成績が頭打ちになり、走る距離を長くしてもスピードの改善にはつながらないと感じるようになります。インターバルトレーニングが有効な手段となる段階にさしかかったのです。というより、有酸素運動の範囲内で達成できるペースをあげるには、インターバルトレーニングこそ最適の方法だと思います。つまり、あなたの会話ペースのスピードをあげる最も効果的な方法なのです。

インターバルトレーニングとは？

これはランニングペースをあげるいちばんてっとりばやくて効果的な方法です。短い距離を無酸素速度（MHRの80％つまりRPEレベル8；エリート選手ではMHRの90％つまりRPEレベル9）で疾走し、続いて短い回復ジョギングを行います。このトレーニング法を使えば、有酸素運動の状態で走れるスピードをもっとあげることができます。

無酸素状態での疾走は3分を超えてはいけません。初心者からオリンピック選手まで、どんな人もこれが生理的な限界だからです。疾走のあとにはゆっくりした回復ジョギングを行って会話ペース（MHRの60％つまりRPEレベル6）に戻ります。

効果があがるわけは？

インターバルトレーニングは最大酸素摂取量、つまりMHRでのトレーニング中に身体が取り入れて使うことのできる酸素量を増やすことによって、効果を発揮します。最大酸素摂取量が大きいということは体力レベルが高いことを意味し、上級者やエリート選手が初心者よりも速く走れたり激しいトレーニングができたりするのも、そこが違うからです。あなたもインターバルトレーニングを通じて最大酸素摂取量を改善していけば、酸素を使う能力が改善され、有酸素での基礎ペースも改善されるわけです。

インターバルトレーニングは、「エネルギー輸送システム」と私が呼んでいるものを改善することによって、有酸素トレーニングペースも引き上げてくれます。これは、トレーニング中に使うための酸素を多く含む血液を筋肉に運ぶ能力のことです。

きついインターバルのための努力に焦点をあわせる：きついインターバルを走るときには「連合」（次頁の囲み記事を参照）を利用して、最大の成果をあげることに注意を集中しましょう。

トレーニングを組み立てる

インターバルトレーニングを組み立てる際に期待と興奮を少しばかり加味するのはよくあることですが、恐れを感じるほどにまでしてはいけません。つまり、トレーニングはある程度きついように組み立てなければ意味がありませんが、自分の能力については現実的になりましょう。

自分にできるだろうか？

インターバルトレーニングは週に1回しかする必要がありません。エリート選手でさえ、週に2回までに制限しています。もしあなたがもっと何度も取り入れれば、オーバートレーニングになってしまいます。

トレーニング中は、早くてきつい走りの部分は短くて1分、長くて3分までとします。すでに述べたように、無酸素状態でトレーニングできるのは最大3分です。回復ジョギングでは会話ペースにまで速度を落とします。

回復期間はきついインターバルの2倍まで取っていいのですが、体力がつくにつれ、このジョギングはしだいに短くなっていくでしょう。体力があるほど、回復も早いわけです。反復回数に決まりはなく、あくまでもあなたしだいです。体力がつけばつくほど、回数も多くできるようになるでしょう。

連合と分離

心理学者は、陸上競技選手がランニング中にふたつの心理状態のどちらかに入ることを発見しました。連合か分離かです。

● 分離しているとき、選手の心はとりとめなくさまよい、路面は飛ぶように過ぎていきます。ウォークマンを聴きながら走っている状態が、その一例でしょう。

● 連合は今行っている仕事に焦点を合わせている状態です。選手は心理的に「そこに」いて、最高の成績をあげることに注意を集中しています。スプリントのときが、これにあたります。

分離は軽いランニングのときに心が最高にリラックスした状態であり、トレーニングの90％を占めているべきです。インターバルトレーニングは連合と分離を練習するのに大変良い方法です。早いペースで走るとき、達成したいことについて集中しましょう。つまり真剣にきつく早く走ることに焦点をおくのです。軽いジョギングをするときには、心を楽にして身体もリラックスさせてください。

電柱から電柱までのインターバルトレーニング

ジム、競技場のトラック、家の前の道路。インターバルトレーニングはどこでもできます。等間隔で立っている電柱も、ちょうどいい目印になります。電柱が立っている道路で安全な場所を見つければ、あとはきつい走りと楽な走りを交互に行うだけです。

楽なジョギング
まず非常にゆっくりジョギングして、身体をウォームアップします。次にそのまま会話ペースのジョギング（RPEレベル6）にはいりますが、これがゆるやかなインターバルです。このレベルで、電柱3本のあいだの距離をジョギングします。

きついスプリント
3本目の電柱に来たら一気にきつい走りにはいり、次の電柱まで走ります。RPEレベルは8（エリートランナーでは9）になるでしょう。電柱2本のあいだの距離を走ったら、速度を落として回復ジョギング（左を参照）に移ります。5～6回繰り返しましょう。

トラックでのインターバルトレーニング：人工のトラックは、きつい走りと楽な走りにだけ集中していればいい環境を提供してくれます。縁石もなければ上り下りもなく、犬も車もいません。

回復が鍵

重要なのは、きつい走りのあいだに挟む回復ジョギングの部分です。この楽なジョギングが身体に平衡を取り戻させ、毒素を排泄させて、ふたたび有酸素ゾーンに戻してくれます。そうなって初めて、次のきついインターバルへの準備が整うわけです。

ふだんのトレーニングでも同じですが、あいだに適切な回復つまり休息時間を挟まないと、きついインターバル中の成績は落ち始めます。つまり、回復をけちると運動中にオーバートレーニングになり、体力増進という見返りが減っていくのです。実際、オーバートレーニングは基礎ペースの向上を妨げて、トレーニングの目的自体をだめにしてしまいます。

時間それとも距離？

回復インターバルの長さは、各人の好みしだいで、時間で測っても（p.110～11を参照）、距離で測ってもかまいません。きつくて高速の部分の長さを決める際にも、時間または距離を使うことができます。ただし、その距離は3分以内で走れるものでなければなりません。きつい部分の長さを決めるうえで重要なことは、何らかの一定の指標によって明確に示されるようにすることです。トラック上でトレーニングしてもいいし（下記を参照）、コンピュータ部分に距離と時間が表示されるトレッドミルを使ってもかまいません。もしどちらも無理でも、静かな道路で電柱から電柱へ走るというように（p.111を参照）、独自の指標を見つけることができるでしょう。

トラックでのインターバルトレーニング

多くのエリートランナーは人工のトラック上でインターバルトレーニングをするのを好みます。どこまでも平坦で、着地の衝撃の多くを吸収してくれ、たいていは一周400mだからです。ほとんどのトラックにはさらに短い距離を示す白線も引いてあります。

このように、トラックはインターバルトレーニングに理想的な場所です。私も地元の競技場のトラックを利用しています。きついインターバルは1周の距離で測り、回復ジョギングは4分の1周をめやすに測ります。といっても、距離の組み合わせに決まりはありません。白線を目印に、あなたの好みと体力に合わせて決めましょう。ほとんどの町では大学や高校のキャンパスにトラックがあり、地元の人たちにも解放しています。まず許可をもらい、流れに乗って走ることと外側のレーンを走ることに気をつけましょう。

ファルトレクを楽しむ：インターバルトレーニングと似ていますがそれほど正確さを要求しないファルトレク（次頁を参照）は、走行中にペースをランダムに変え、間隔もそれほど厳密ではありません。

インターバルトレーニング　113

最適なインターバルトレーニングのためのヒント

速いインターバルは最短200m、最長1200mとします。速いインターバル中に走る距離の合計は1回のトレーニングにつき5kmを超える必要はありません。

きつい走りの部分では、労作レベルがおよそRPEレベル8（MHRの80%）となるようにします。上級者とエリートランナーはRPEレベル9（MHRの90%）まであげてもいいでしょう。

きつい部分のスピードをあげることより、そのあいだの回復ジョギングの時間を減らすことに注意を集中しましょう。

体力を向上させるには、週に1回（最大で2回）で充分です。

ヒルトレーニング（p.116〜17を参照）やファルトレク（あまり厳密でないインターバルトレーニングで、速い走りとゆっくりの走りをランダムに組み合わせる）も、インターバルトレーニングと同じくらい、ペースの改善に効果的です。

インターバルトレーニングプログラム

中級と上級のランナーで、ペースが頭打ちになったと感じて打開策を探している人には、インターバルトレーニング(p.110～13を参照)が解決策になるでしょう。これは全力での短い疾走(3分まで)に続いて回復ジョギングをしばらく(必要なだけ)行うタイプのトレーニングです。身体が酸素を使う能力を無酸素レベルでのトレーニングで改善することによって効果を発揮し、それがひいてはふだんの会話ペースの改善に役立ちます。

きつい部分の回数と長さをわずかに増やしていきながら、回復期間の長さを減らすことをめざします。体力が強化されるにつれ、もっとすばやく回復するようになり、きつい部分を回数多く走れるようになるでしょう。

右のプログラムはあくまでもひとつのめやすで、この通りにしなければならないというものではありません。体力を改善するには週に1回だけのインターバルトレーニング(右の表の＊印)で充分です。上級者やエリート選手は最大2回まで組み込んでもいいでしょう。このプログラムのそのほかの走りはすべて、会話ペースで行います。

1～4週

まずインターバルトレーニングの目標を設定しますが、やりとげられると自分でわかっている目標にします。きつい走りの長さを少しずつ伸ばしていき、同時に、回復時間を短くすることをめざします。たとえば、右のプログラムの最初のインターバルトレーニングでは、会話ペースでの6.4kmのジョギングに続いて2分のきつい走りを2回、あいだに2分の回復ジョギングを挟んで行うことを提案しています。ただしこの時間や回数にしなければならないと思う必要はありません。インターバルトレーニングに身体が慣れるにはたぶん2週間はかかるでしょうが、4週目には、回復ジョギングが少し短くなっていて、きつい部分の回数や長さが増え始めているはずです。

5～8週

この期間中に、プログラムに徐々になじんでいきます。インターバルトレーニングを気持ちよく行えるようになり、基礎ペースもきっと改善しているでしょう。2週間と2か月の法則によれば、8週間(およそ2か月)後には、身体が次の試練に立ち向かう準備ができているはずです。レースで自己ベストを出せるかもしれません。

週	日曜日	月曜日
1	ジョギング9.7km	休息日
2	休息日	ジョギング9.7km
3	ジョギング10.5km	休息日
4	休息日	ジョギング8km
5	ジョギング9.7km	休息日
6	休息日	ジョギング8km
7	休息日	ジョギング10.5km
8	ジョギング10.5km	休息日

インターバルトレーニングプログラム　115

火曜日	水曜日	木曜日	金曜日	土曜日	計
ジョギング9.7km	休息日	ジョギング8km	休息日	ジョギング6.4km； ＊高速2分×2 （回復2分）	33.8km
休息日	ジョギング9.7km	ジョギング8.6km	休息日	ジョギング6.4km； ＊高速2分×2 （回復2分）	34.6km
ジョギング9.7km	休息日	ジョギング10.5km	休息日	ジョギング6.4km； ＊高速2分×2 （回復1.5分）	37km
休息日	ジョギング7.2km	休息日	ジョギング8km	ジョギング6.4km； ＊高速3分×3 （回復1.5分）	29.8km
ジョギング9.7km	休息日	ジョギング6.4km	休息日	ジョギング6.4km； ＊高速3分×4 （回復1.5分）	32.2km
休息日	ジョギング10.5km	休息日	ジョギング9.7km	ジョギング6.4km； ＊高速3分×4 （回復1.5分）	34.6km
休息日	ジョギング10.5km	ジョギング8km	休息日	ジョギング6.4km； ＊高速3分×4 （回復1.5分）	35.4km
ジョギング9.7km	休息日	ジョギング10.5km	休息日	ジョギング6.4km； ＊高速3分×5 （回復1分）	37km

ヒルトレーニング

斜面を走ってのぼるなんて、ただへとへとになるだけ？ いいえ、スタミナがつきますし、すぐれたスプリンターになるのにも役立ちます。損傷を防ぐすばらしいトレーニング法でもあります。斜面を下ったり、勾配ゼロ％の平らな場所を走ったりするよりも、身体の受ける衝撃がかなり少ないからです。最大の効果をあげるには、勾配が7％を超えないゆるやかな斜面を探します。これより急勾配になるとペースが落ちすぎて成果があがらなくなります。

上り坂を走ってパワーをつける

週1回のヒルトレーニングを追加すれば、スタミナとスプリント力が見違えるほどよくなります。斜面を駆けあがるとき、高速のスプリントをもたらすのと同じ脚の筋肉が強化されるのです。重力に逆らって走れば力がつき、どんな勾配でもパワフルに速く走れるようになります。また最大酸素摂取量（p.110を参照）も改善され、身体が酸素をもっと効果的に使えるようになって、ふだんより速いペースで走ってもリラックスした自然なフォームが維持できるようになります。

どのようにするか

距離が100～400mほどで勾配が7％を超えない斜面を探します。ふもとから丘の頂上が見えるようだと、心理的に楽です。RPEレベル8で斜面を走ってのぼりましょう。身体は無意識のうちに斜面に対して前傾しますが、この姿勢はよいスプリントには不可欠です。ふだんよりも膝を少し高く上げ、腕を大きく振って、はずみをつけ、パワーを引き出します。ここは力を振り絞ってトレーニングすべき場面であることを忘れないでください。斜面を走ってのぼることを力の続くかぎり繰り返し（2～5回が標準）、そのあいまには慎重にジョギングしながら斜面をおりて戻り、体力を回復させます。最初のうちは、もし必要なら丘の頂上で立ち止まって一息いれてもかまいません。

さらに高度なトレーニング法として、斜面の頂上に近づいたときに急激にスピードを上げるやり方があります。そのまま頂上を越え平坦部まで達してから、スピードを緩めて回復ジョギングに移ります。

大きなフォームでパワーを引き出す：斜面を走ってのぼるときは、ふだんより腕を大きく振り、膝を少し高くあげて、勢いをつけます。

ヒルトレーニング 117

ヒルトレーニング：ランニングプログラムにヒルトレーニングを取り入れて、闘志を養い、最大酸素摂取量を改善しましょう。

路面

今の高機能のランニングシューズは着地の衝撃からずいぶん身体をまもってくれるようになっていますが、それでも路面はとても重要な意味を持っています。硬くて弾力のない路面からの衝撃は身体に傷害を引き起こしかねません。こうして余分な負荷が加われば、回復時間がそれだけ長くなってあたりまえ、最悪の場合は慢性的な痛みや損傷につながります。以下のアドバイスを参考に、硬い路面でのランニングに伴う損傷を避けましょう。

路面のよしあし

ランニングは全身の健康にとってもよい運動ですが、やり方がまちがっていると、筋骨格系に手ひどいしっぺ返しを受けます。足が地面を蹴るたびに、体重の4倍もの衝撃が生じますが、この衝撃をそのまま脚に跳ね返す路面もあれば、衝撃を吸収して比較的柔らかな着地をさせてくれる路面もあります。地面との接触を柔らかくて弾力のあるものにして衝撃を最小限に抑えれば、骨格も筋肉もすばやく回復できます。ですから、常識からいっても、衝撃をできるだけ多く吸収してくれる路面を走るべきでしょう。完璧な路面などないとはいえ、衝撃吸収の点では優劣があります（いろいろな路面については次頁を参照）。

変化が鍵

損傷のリスクを抑えるには、ルートと路面を定期的に変える必要があります。くる日もくる日も同じ路面ばかり走っていては、走るたびに脚がまったく同じように地面を叩くことになります。これは身体が損傷を受けやすくなるもとです。同じパターンの繰り返しは骨や筋肉、軟骨を磨耗させ、損傷のわだち、つまり損傷につながる整形外科的なわだちをつくりだすのです。ですから、できるだけ柔らかい地面でトレーニングするだけでなく、路面をときどき変えるようにしましょう。極端に変える必要はありません。ふだんは公園の土の道を走っているなら、たまにはその脇の草の上を走ってみます。損傷のわだちから引っ張り出してくれると感じられるものなら、どんな小さな変化も有益です。

路面は賢く選びましょう：土の小道のように衝撃を吸収してくれる柔らかい路面を走れば、損傷の可能性を最小限にできます。

路面　119

草地
むらがなく平らで、刈り込んであるなら、草地はランニングにとって理想的です。柔らかくて身体にやさしい路面ですが、筋肉によけいな負担をかけるほど柔らかくはありません。ただし、でこぼこした草地は避けるようにしましょう。

トラック
人工のランニングトラックは衝撃を吸収するように作られているので、走るには文句なくすばらしい路面といえます。トラックの材質は吸収すると同時に跳ね返すような構造になっています。

土の小道
比較的柔らかいので、ランニングにとても適した路面です。ただし、小石や木の根につまずかないように、足もとには注意しましょう。

砂地
平らでしっかりした砂地は走るのに適した路面です。衝撃を吸収しますし、はだしで走ることもできます。ただし、柔らかい砂地やでこぼこした砂地は避けましょう。ふくらはぎの肉離れを起こすおそれがあります。

アスファルト
コンクリートよりはわずかに衝撃吸収性が大きく、特に夏場はその傾向が強いので、常にコンクリートよりは望ましい路面です。そうはいっても身体にとっては衝撃が大きいので、できるだけ避けるようにします。

コンクリート
これは走れる路面のうちではいちばん硬く、衝撃をほとんど吸収しません。やむをえない場合をのぞき、避けるようにしましょう。

ルートを変えてみる

ほとんどのランナーは習慣の生きもので、ひとつかふたつの「いつものルート」を決めて毎回そこを走ることになってしまいがちです。ところが、毎日同じ路面を走るのと同様、いつも同じコースを走ることは、反復運動損傷という形の打撃をもたらしかねません。新しいコースをレパートリーに加えて、いつものルートが損傷への近道となるのを防ぎましょう。

ふたつより三つ

　毎日同じルートを走ることに伴う損傷を避けるため、手持ちのコースを三つにしてそれを順繰りに走るようにしましょう。どれも気持ちよく走れるように、よくなじんでおきます。そうすれば「分離」の状態になることができ、心は自由にさまよい、時間は飛ぶように過ぎるでしょう。それに、毎日同じ損傷へのわだちを走るという難点なしに、よく知っているなじみのルートを走るリラックス感も得られます。

　また、ルートがいろいろあると使う筋肉も使い方もいろいろになるので、決まったふたつのループだけを走るのより、いいトレーニングになります。ルートの

多様性の利点：ひとつかふたつの決まったコースを走るという習慣から抜け出しましょう。条件や難しさの違う三つのコースを持つことは、身体にとって、ふたつより利点があります。

難易度のレベルも変え、できれば周囲の環境にも変化をつければ、気分的にだれるのが防げます。

走るのが待ち遠しくなるように、走る楽しさを味わえるようなルートを三つ選ぶことがだいじです。そうすれば、その日の体調に応じて、楽、中くらい、きつい、の三つのコースから、走りたいコースを選ぶことができます。

ひとつめは、公園の中の短くて楽なコースで、草や土のような柔らかくて衝撃を吸収する路面を走るものがいいでしょう。ふたつめには、家の近所の舗装道路を走る中くらいの距離のコースを考えましょう。これはひとつめよりわずかにきつい走りになるようにします。三つめは長いルートで、林を抜ける小道がいいでしょう。三つのうちでいちばんむずかしいコースとし、上り坂も少しあってもいいかもしれません。

習慣の生きもののためのちょっとした変化

毎日同じコースを走ることに伴う損傷を避けるためといっても、今のルートをがらりと変える必要はありません。決まったループを走るひとつかふたつのコースに新しいルートを加えるほど思い切ったことをする自信がないなら、今のコースで少しやり方を変えます。たとえばいつものループを逆向きに走ってみましょう。

コースの途中で違うタイプの路面をみかけたら、しばらくそちらを走ってみましょう。いつものストレスパターンを破ることができます。道の反対側を走ったり、いつものループの長さを変えるだけでもかまいません。体調によって、ある日は短く切りあげて最後の10分を歩いたり、またある日は長めにしたりもできます。損傷につながる習慣から抜け出させてくれると感じられるかぎり、どんな変化も身体には有益です。

トレッドミルを使う

トレッドミルでマンネリを打破しましょう。トレッドミルのベルトはたいていの路面より衝撃吸収性にすぐれ、またベルトは自分と一緒に動くので、ロードランニングよりも少し身体にやさしいといえます。

1 マシンの両サイドに足を置いて立ち、スタートボタンを押します。

2 バーをつかんで、ベルトが動きだしたら歩き始めます。適当なボタンを押して、スピードをしだいに上げていきます。

3 バーを離して、スピードに応じてジョギングまたはランニングを始めます。スピードを下げたり止めたりするには、操作卓の適当なボタンを押します。

呼吸法

充分に呼吸ができていれば、そのことには気づきさえしないものです。こつはリラックスした状態を保つことですが、それが口でいうほど簡単でない場合があります。人によってはランニング中に緊張してストレスを感じ、過換気になってしまうこともあります。ふだんの会話ペースでランニングしていて、もし酸素が充分に取り込めないようなら、以下に述べるエクササイズを試してみましょう。緊張を取って呼吸を正常にするエクササイズです。

誤った呼吸法？

ランニング中の呼吸法に、誤ったやり方というものはありません。口から、鼻から、あるいはその両方から、とにかくいちばん効果的に肺に酸素を取り入れられるやり方が、あなたにとっていちばんいい方法です。リラックスしているかぎり、どんな人も呼吸のエキスパートなのです。

楽な走りのとき

会話ペースの楽な走りのあいだは、自分がどう呼吸しているかなど考えもしないでしょうが、そのリラックスした状態を保つのが鍵です。不規則な呼吸パターンをもたらす緊張を避けるため、走る直前に123頁のリラクゼーションエクササイズを行いましょう。

きつい走りのとき

きつい走りではどうしても呼吸が少しつらくなります。とはいえ、そのことばかり考えてはいけません。注意が散漫になり、集中力が失われます。代わりに、「クレンジングブレス（浄化呼吸）」と私が呼んでいる方法（下記を参照）で、呼吸のリズムをリセットしましょう。きつい走りのあいだも、リラックスしてさえいれば自然な呼吸パターンが戻ってきます。

クレンジングブレス

きついトレーニング中、身体が緊張して自然なフォームや快適なランニングが妨げられることがあります。こうなったとき私は、走りながら深く息を吸い、次に完全に吐くと、リラックスして自然な呼吸が取り戻せることに気づきました。このクレンジングブレスはきっとあなたにも役立つと思います。息を吐くときは、数歩走るあいだ腕をだらりと脇にたらしておきます。そして自然なランニングフォームに戻るにつれ、腕が「行きたい」ところまで、ひとりでにあがるのを待ちます。

深く息を吸う　　　完全に息を吐く

リラクゼーションのための呼吸法

多くのランナーが、リラックスした状態を保つ必要性に気づいています。そのための最高の方法のひとつが、ウォームアップのジョギングの前に数回深呼吸をすることです。このエクササイズにはたった1分しかかかりませんが、あなたの心と身体に絶大な効果をもたらします。

1 足を腰の幅に開いて立ち、腕の力を抜いて身体の横に垂らします。三つ数えるあいだに深く息を吸い、肩を上げて反らしながら胸をいっぱいに広げます。

2 三つ数えながら息を吐くにつれ腕と肩をおろし、肺から二酸化炭素を追い出します。この呼吸を3〜5回、またはゆったりとリラックスした感じがするまで繰り返しましょう。

安全に走る

走ると私の姿は見えなくなります。ですから、「状況に合わせ、敏感に」が私のモットーです。あなたにもそれはあてはまるでしょう。交差点にさしかかって横断するときはいつも、ドライバーにはあなたが見えていないと考えてください。たとえ目と目を合わせたとしても、です。ひとりのドライバーの不注意で手足や命を奪われてはかないません。さびれた地域では常にペアかグループで走りましょう。ひとりぼっちのランナーは不必要な注目や攻撃のまとになることがあります。

警戒を怠らず、服装は適切に

「いくらルールを守っていても、轢かれればそれまで」というのはランナーにもあてはまります。夜間や、早朝の薄暗い時間帯に走るときは道路を横断することは避け、歩道を外れないようにして、なるべく照明のある場所を探しましょう。電池で点滅するライトや、反射材を使った衣服を身につけることもぜひ勧めたいと思います。こういったものを身に着けても警戒をゆるめてはいけません。これらは単にドライバーの注意を引くものでしかなく、何かが前方にあると気づいたからといって、人が走っていると認識していることにはならないのです。目立っていても、轢かれる可能性はあります。

自分自身をまもる

特に女性は、夜間は決してひとりでは走らないようにしましょう。一緒に走る仲間を少なくともひとりは見つけ、人家の少ない地域は避けましょう。さびれた場所で夜間にジョギングをしていると非常に目立ちます。悲しいことですが、そういった場所にはひとりきりのランナーをありとあらゆる不愉快な理由から襲う人々がいます。そういった地域を避け、グループで走って、リスクを最小限に抑えましょう。

夜間に走ることを選ぶなら、なんらかの種類の防犯アラームも携帯すべきでしょう。音が大きく耳障りであればあるほど効果的です。そういった装置は値段も安く、広く出回っています。歩数計にもアラームがついているものがあります。

携帯電話を持っているなら、緊急電話番号をいくつか短縮ダイヤルに入れて、携帯しましょう。携帯電話がない場合は、公衆電話から緊急電話をかけるための小銭を持ちます。

友人と走る：特に女性の場合は、パートナーまたはグループと走るのがいちばん安全です。ひとりで走ると好ましくない注意をひきつけてしまいます。

反射材は必須装備です：夜間や早朝に走るときはいつも、反射材を使った衣服を身につけ、警戒を怠らないようにします。

安全に走る　　**125**

安全な夜間ランニングのためのヒント

常に、反射材を使った衣服を着る。

車が近づいてくるのが見えるように**車と対面する側**を走る。

大通りを横切らないルートを選ぶ。

特に女性は**決してひとりでは走らない。**

緊急電話番号を携帯電話の短縮ダイヤルに入れて、携帯する。

携帯電話がない場合は、公衆電話から緊急電話がかけられるように**小銭**を持っていく。

防犯アラームを携帯する。

常に**車との距離**を大きく取り、道を譲る。

呼んでも助けが来ないような**さびれた場所**は決して走らない。

道に迷わないように、**慣れたコース**を選ぶ。

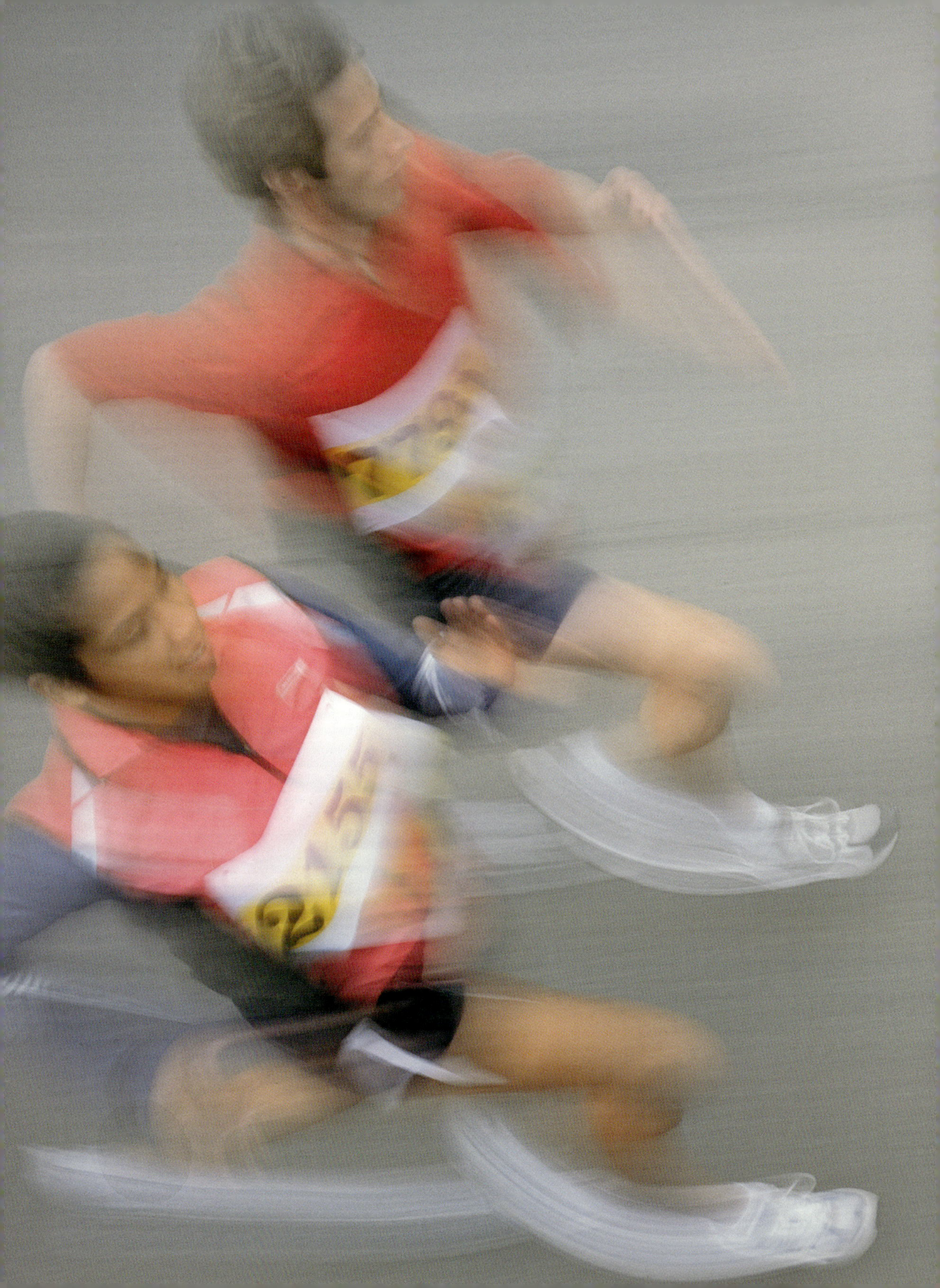

レースに出る

自分の能力がどの程度のレベルであろうと、レースに出るのは楽しいものです。すぐに満足感が味わえますし、トレーニングを組み立てる際の指標にもなります。1.6km以上のレースならどんなものでも長距離レースだと私は思っています。インターバルトレーニングの目標のひとつは脚をもっと速い動きに慣れさせることですが、それと同じく、最終目標としているレースよりも短い距離のレースには、距離に慣れるというトレーニング効果があります。私はいつも、短いレースはもっと長い距離の大会に出るためのトレーニングだと考えています。

事前の準備

あなたはもう、身体的なトレーニングはすべて終えています。今は大会に向けて心の準備をすべきときです。どれだけトレーニングを増やそうと、大会直前の2週間では、これ以上体力をつけることはできません。この時点での鍵はできるだけふだん通りの日課を、ただしレベルは下げて、こなすことです。トレーニング日誌を読み返して、レース当日によい成績をあげるのに必要なきついトレーニングを、ほんとうに残らずやり抜いたのだと再確認しましょう。

日誌を読み返して目標を設定する

トレーニング日誌を読み返すための時間を取りましょう。必要なトレーニングはすべて済ませ、あとは大会に参加するだけだと、あらためて確信できるでしょう。日誌には苦労してなしとげた進歩のあとも残っています。日誌を使って、レース当日にどこまでできそうかを判断しましょう。

長距離トレーニングでの平均的なペースが、安全なレースペースの目標となります。心の片隅には、それよりも1.6kmにつき1分ほど速い「背伸びした」目標を持っていてもかまいません（p.92を参照）。レースのいろいろな地点でのタイム、すなわちスプリットを、安全なペースと背伸びしたペースの両方で計算しましょう。その情報をスプリットブレスレットに書き写せば、レースのときに身につけることができます。

レース当日ちゃんと走れるだろうかと少し不安になるのは自然なことですし、むしろ有益です。闘志をかき立てるために、日誌にざっと目を通してみましょう。心配していたけれど思った以上の成果をあげることができた日の記録が、きっと見つかることでしょう。

新しいことはしない

レース前2週間の準備期間には、新しいことは試さないようにします。できるだけふだん通りの日課を守りますが、トレーニングの規模は縮小します（p.130～31 絞り込みを参照）。食事、トレーニング、睡眠の習慣、ストレスレベルなど、また特に衣服と靴は、大きく変えないようにします。どんな変化も成績に悪影響を与え

スプリットブレスレット

スプリットブレスレット（右を参照）とはレース中に手首のまわりにつける細長い紙で、レースの要所要所でランナーが予定のタイムを確認するために使います。これを使ってタイムをたどっていけば、目標ペースが守れていることを確認できるわけです。いちばん手軽なのはインターネットのホームページから印刷する方法です（p.156～57を参照）。自分で作ることもできます。その場合は目標レースペースを1kmあたり何分とするかを決め、モニターしたい地点でのkm数をかけます。こうして各距離でのタイムが分で算出されるわけですが、60分を超える場合には時間に換算するのを忘れないようにします。

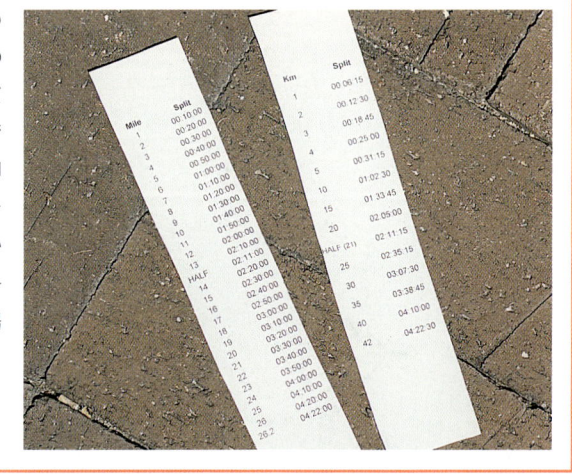

かねません。レース前に新しいシューズを買いたいという誘惑にかられるのはよくあることです。目標達成の助けになるものが何かないかと鵜の目鷹の目になるのは自然な心理でしょう。お望みなら店を見てまわり、買いたいなら買ってかまいません。ただし何を買おうと、レースが終わるまでは使わないことです！

コースに親しみ、視覚化する

　14.5kmまでのレースなら、大会2日前に歩きか自転車でコースをたどってみます。マラソンコースの近くに住んでいるなら、1週間前に最後の10kmを楽なペースでジョギングします。たいていのランナーはレースのこの最終部分がいちばんきついと感じるものです。ただし、マラソンコース全体をドライブしたり歩いたりしてはいけません。42.1kmをカバーするにはずいぶん時間がかかりますが、その記憶は心理的にむしろ有害なことが多いのです。

コースを下見する：14.5kmまでのレースなら、その2日前にコースを歩いたりゆっくりジョギングしたりしましょう。コースになじんでおけば、大事な当日に不安をやわらげるのに役立ちます。

　コースが遠い場合は地図を見て起伏をメモします。コースに親しむいっぽうで、レースをいい成績で完走する自分を思い描きます。これで、いよいよレース当日スタートラインに立ったとき、何もしなかった場合よりちょっぴりコースに慣れているように感じるでしょう。

トレーニングを絞り込む

レース前2週間にきついトレーニングを行っても、特にマラソンの場合は、体力を高めることにはなりません。それどころか、この期間何もせずにベッドでごろごろしていても体力が落ちるわけではないのです。この2週間は少ないトレーニングこそいいというのが、私の持論です。この期間にはランニングを絞り込んで、つまり規模を縮小して、レース直前の損傷を避け、グリコーゲンのたくわえを最大限に高めて、筋肉を生きのいい状態に保ちましょう。

なぜトレーニングを絞り込むか

　絞り込みとはランニングの距離と努力レベルを縮小することです。世界記録の多くは、ランナーがささいな損傷のせいでレース前2週間にトレーニングを絞り込まなければならなかったとき、誕生しています。

　この選手たちはトレーニングを軽くすることを強いられたあげく、誰もが予想もしなかったすばらしい結果を残しました。レース前2週間にきついトレーニングをすることは身体を傷つけるだけだというのが、厳然たる事実です。損傷を起こしたり、筋肉を断裂させたり、グリコーゲンを使い果たしたりするかもしれません。トレーニングを絞り込めば、どたん場の損傷から身体を護れます。身体にはちょうどいい休息になりますし、そのあいだ体力はまったく失われることはありません。

どのようにするか

　先に述べたように、この最後の2週間完全にランニングを控え、しかも肉体的な強さを維持することは理論的に可能ですが、精神的な面となると話は別です。私自身も含め多くのランナーは心理的な理由からトレーニングを続行します。たとえ肉体的にはなんの利点もないのが事実でも、運動して準備をしなければという心理的な衝動を満足させてくれるからです。準

絞り込みチャート

レース前2週間の準備期間で体力を高めることはできません。それどころか、注意を怠ればレース当日の成績を損なうおそれもあります。そんな事態を避けるには、ランニングをできるだけ絞り込むこと、つまり縮小することが必要です。

右のチャートは絞り込み方の一例です。最上段はマラソン前のきついトレーニングの最終週を示します。その下の2段はトレーニングを絞り込んだ2週間がどのようになるかを示しています。ただしこれはレース前2週間に安全に行えるトレーニングを大まかに示すものにすぎないことを忘れないでください。体力のためというより心の平和のためのものです。特に指示がないかぎり、この走りはすべて会話ペースでの楽な運動を表します。

週	日曜日	月曜日
きつい トレーニング	8km	休息日
絞り込み 第一週	9.7km	休息日
絞り込み 第二週	9.7km	9.7km

備ができていると「感じる」ために必要な運動の量と、完全な休息とのあいだで自分なりにバランスをとることが鍵です。

ランナーはひとりひとり異なり、運動への心理的な欲求も異なりますから、トレーニングをどれくらい絞り込むかは主観的なことがらです。ですから、とにかく自分で妥当だと感じられるところまで、減らしましょう。私が自分でも利用している一般的な指針は、距離と強度を30％減らすというものです。

平均して週に64.4kmのトレーニングをしていたなら、この距離を週に45km以下に減らし、会話ペースの楽なランニングにするわけです。「分離」状態（p.111を参照）になって楽に走れるように、ウォークマンを聴きながら走ってもいいでしょう。この程度ならグリコーゲンのたくわえを使い果たすこともなく、レース当日の成績にさしつかえることもありません。

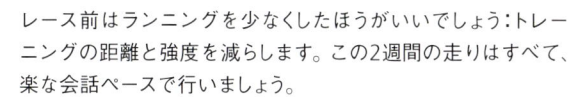

レース前はランニングを少なくしたほうがいいでしょう：トレーニングの距離と強度を減らします。この2週間の走りはすべて、楽な会話ペースで行いましょう。

火曜日	水曜日	木曜日	金曜日	土曜日	計
11.3km	休息日	12.9km	休息日	32.2km（走りこみ）	64.4km
9.7km	9.7km	休息日	9.7km	6.4km	45km
9.7km	9.7km	休息日	6.4km	休息日	45km

勝つための食事

レース前2週間に何を食べるかは、トレーニングと同じくらい重要です。といっても、特別な食事を始めなければならないという意味ではありません。今は大がかりな変更をすべきときではないのです。レース前の食事に関する私の第一のルールは、何も新しいものは食べないということです。今の食事を基本に、総カロリー摂取量を30％減らしながら、いっぽうで多糖類の摂取量を増やすことをめざします。

節度を守り、新しいものを避ける

トレーニング内容、ランニング用の服装やシューズ、睡眠の習慣などと同様、食事もレース直前には変えないようにします。トレーニングが適切にできていて、果物や野菜、たんぱく質、多糖類を含む健康でバランスの取れた食事をしているなら、そのまま続けましょう。変更すれば身体が好ましくない反応を起こすかもしれません。便秘に体重増加、全般的な体調不良などさまざまな理由で、レース中の災いの種となるかもしれないのです。

もし海外のレースに参加するなら、単純な食べものがいちばん安全であることをおぼえておきましょう。食べなれているものが手にはいりにくい場合に備えて、全粒粉のパン、果物、野菜などをいくらか持っていくといいでしょう。そうすれば、困ったときにもホテルの部屋で簡単な食事をとることができます。

摂取量を減らす

レース前2週間はトレーニングを絞り込みますから、常識的にみてカロリー消費量も減らすべきでしょう。ただし、自分に適していると感じられるところまでにします。レース前の食事、特にマラソン直前の3日間

スペシャルメニューはいりません：レース前のこの期間は、食べ慣れているものを食べましょう。トレーニングを絞り込んでいるのでカロリーは少なくしますが、炭水化物は増やします。

の食事には注意が必要です。もしこの期間に食べる量が少なすぎると、32.2km付近で深刻なエネルギー不足にみまわれ、ランナーの言う「壁にぶち当たった」状態（右の囲み記事を参照）になるかもしれません。

　そうはいっても、この絞り込み期間に食べ過ぎるのは便秘や体重増加のもとです。レース中その体重を抱えて走らなければならなくなります。経験上、レース前2週間は食べる量を30％減らすのがいいとされています。そして最後の3日間は炭水化物負荷（カーボローディング）をして、炭水化物からとるカロリーの比率をあげます（右の囲み記事を参照）。こうすれば余分なカロリーを貯蔵脂肪に転換する時間を身体に与えずに、グリコーゲンのたくわえを満タンにできます。レース当日の朝はスタートのおよそ2時間前にふだん通りの朝食をとり、スタート30分前にエナジージェルを少しとりましょう。これで、エネルギー補給は充分、いつでも走れるぞという気分になれます。

壁と炭水化物負荷

「壁にぶち当たる」というのは、ランニング歴のどこかの時点でたいていのマラソンランナーが経験する現象です。エネルギーが突然がくんと落ちて、一歩一歩にとてつもない努力が必要になります。マラソンの32.2km地点で起こることが多いのですが、このとき身体はグリコーゲンの貯蔵限度2000カロリーをすっかり使いきっています。そうなると、それほど効率のよくないエネルギー源、つまり脂肪やたんぱく質を使わなければなりません。そのためペースが落ち、ランニングがつらく感じられるようになるのです。とても劇的な変化なので、自分では実際よりもっとスピードが落ちたように思えるかもしれません。

炭水化物負荷をすればそれを防ぐのに役立ちます。これはランニングを絞り込みながら（p.130～31を参照）、いっぽうでレース前3日間は炭水化物摂取量を1日の総カロリーの70％にまで増やすものです。こうすれば、第一のエネルギー源として利用できるグリコーゲンをできるだけ多く確保できます。炭水化物負荷を始める直前に5km以下のかなりきついトレーニングをして、このプロセスを促進しましょう。わずかに不足ぎみになったほうが、新しいグリコーゲンが貯蔵されやすくなります。炭水化物負荷を3日間行えば、あなたのエネルギータンクは満タンになるはずです。

最終準備

レースを目前にしてきちんと準備ができていないと感じると、とても動揺させられるものです。過酷なトレーニングスケジュールに耐え抜いてきたのに、安全ピンが足りないとか時計を忘れたというようなちょっとしたことで、レースの成績がだいなしになってしまうこともあります。レースに先立つ3日間は先を見越した周到な準備が必要ですが、ここを読めば疑問や不安がいくらか解消するでしょう。準備の具体的なヒントやアドバイスを紹介しますので、参考にしてください。

食べ物と水分補給

レース前の3日間は力強い走りにとってとても重要です。栄養状態が万全であるようにこの期間に調整します。マラソンよりも短いレースでは、いつもと同じ食事をして、新しい食べ物に手を出さないでいれば充分です。

マラソンに出る場合は、レース前2週間のトレーニング絞り込みとカロリー摂取30％削減をしてきたところだと思います。この最後の3日間は、食べる量を増やし、炭水化物負荷（p.133の囲み記事を参照）をします。カロリーの70％を炭水化物からとって、グリコーゲンのたくわえを最大限にするのです。

この3日間は毎日グラス6〜8杯の水を飲むようにします。レース当日はトールグラス1杯の水をスタートの60〜90分前に飲みましょう。これより遅くなるとトイレに行かなければならなくなり、逆に早すぎると身体がレース前に水分を使い切ってしまいます。

レース前日に揃えるもの

ゼッケン、安全ピン、腕時計は必需品ですが、スプリットブレスレット、冷えを防ぐためのゴミ袋、ワセリンも、あると便利です。携帯容器入りの水とエナジージェルも持っていってもいいでしょう。正確なタイムを計れるチャンピオンチップを借りることになっているなら、前日に大会本部で受け取る必要があります。

容器入りの水とエナジージェル はなくてもかまいませんが、もし持っていきたいなら今用意しておきます。

デジタルウォッチ は自分のタイムをたどるのに役立ちます。

安全ピンでゼッケンをシャツ につけます。ゼッケンはあらかじめ郵送されているはずです。

スプリットブレスレット は支給される用具一式のなかに含まれている場合もあります。もしなければ、ホームページから印刷できます（p.156〜57を参照）。

ゴミ袋をランニングウェアの上 にはおって、冷えを防ぎ、レースのためのエネルギーを温存しましょう。これはスタートラインに脱ぎ捨てていくことができます。

ワセリン を、わきの下、胸や乳首、足、内ももなど、擦れそうなところに塗ります。

眠るが勝ち

レース前夜、多少の不眠に悩まされるのはよくあることです。幸い、睡眠が重要なのはレース前夜ではなく、さらにその前の晩です。それに、二晩とも眠れなくても絶望的になることはありません。ベッドに静かに横になって身体を休めているだけでも、たいていは充分です。眠れなくてもだいじょうぶといっても、町に繰り出して夜遊びしていいということではありません。どんな形のものでも、過剰な刺激はレース当日の成績に悪影響を及ぼすだけです。準備に伴う興奮でただでさえかなりのアドレナリンが分泌されており、これ以上は手に余ります。ゆっくり休息することこそ、最高の力を発揮するために必要なことなのです。

あなたに必要なもの

レース前夜は、ゼッケンや安全ピンなどの品物（前頁の囲み記事を参照）を点検してまとめなければなりません。安全ピンはゼッケンをシャツの前後にとめるために、少なくとも8本必要です。擦れやすい場所に塗るためのワセリンや、予想ペースを守るためのスプリットブレスレットも必要でしょう。レース中はデジタルウォッチをはめることを勧めます。タイム計測の時計は最初のランナーがスタートラインを通過したときにスタートしますが、あなたがラインを通過するのはそれから数分後になるかもしれません。自分の腕時計があれば大きな励みになります。自分の進みぐあいをモニターできますし、タイムをいつでもスプリットブレスレットと比べることができます。チャンピオンチップ（p.108を参照）も正確なスプリットを教えてくれますが、それはレースが終わってからです。

そのぴりぴりするエネルギーを利用しましょう！

レース前のぴりぴりした気分に悪天候が重なると、身体の震えがとまらなくなります。このエネルギーをレース前半の力強い走りに利用しましょう。レース直前はビニールのゴミ袋をショーツとTシャツの上に巻きつけます。こうすれば暖かくしていられるので、スタートラインで震えていなくてもよくなります。ゴミ袋はレース開始直前に脱ぎ捨てることができます。

スポーツフードとドリンク

いいレースをするためにスポーツフードに投資する必要はありませんが、コースの途中によく用意されているスポーツドリンクは、遠慮なく利用させてもらいましょう。けれどもスポーツジェルやバーは買う必要がありません。レーズンやバナナ、炭酸抜きコーラで代用できます。それでもスポーツフードが食べたいという人のために、いつどのように食べたらいいかのヒントをいくつかあげましょう。

スポーツドリンク
しっかりした大会なら給水所があちこちに設けてあり、スポーツドリンクや水を提供しています。できれば両方を飲むようにしましょう。

エナジージェル
レース中、ジェルを携帯する必要はありません。レース前に必ず水と一緒に食べるようにします。ねばついて食べにくいことがあるからです。

エナジーバー
レースの約1時間前に1本食べますが、レース中は食べません。レース中は口が乾いて噛みこなせないことがあります。

レース直前

レース直前はきっと、少々ぴりぴりした気分になることでしょう。それはまったく正常なことですが、もしこれから何が起こるかわかっていれば、先回りしてこのストレスを避けることができます。当日どこに行けばいいかをきちんと確かめておき、スタートラインのところへ行って適切なウォームアップができるように、時間には充分余裕をみておきましょう。レースに出る前から焦って突進しなければならないようでは、心理的にとても不利になります。下記のヒントを参考に、そのほかレース前のぴりぴりのもとになりそうなことを回避してください。

先を見越して行動する

レース前に勧めたいことがいくつかあります。ハーフマラソンまたはそれより長いレースでは、足やわきの下、内もも、乳首などの擦れやすい場所にワセリンを塗っておきましょう。むき出しの皮膚には日焼け止めも塗りましょう。

ゴール近くで友人や家族と落ち合う場所の目印も決めておきましょう。ゴール周辺は非常に込み合います。レースを終えたばかりでそれほど遠くまで歩きたくはないでしょうし、頭のほうも少々ぼーっとしているかもしれません。

ウォームアップでの肯定的儀式

不安やレース前のいらいらを静めるために、ふだんランニングするときと同じやり方でウォームアップしましょう。いつものウォームアップは実は肯定的儀式のひとつの形で、交感神経系をコントロールするのにそれとなく役立っているのです。いつものスタイルから離れると、何かふつうでないことが起こっていると身体に教えることになり、交感神経系が活性化されます。すると心拍数と血圧が上昇し、ストレスホルモンが血中に放出されます。

これを防ぐには、いつもと同じやり方でウォームアップするだけでいいのです。比較的短いレースに出る初心者は、スタートの15分前にごくゆっくりと1～3分ジョギングするだけです。5kmを超えるレースに出るなら、スタート30分前に10～15分、ごくゆっくりしたペースでジョギングします。遅くともレース開始10分前には終えましょう。もし、速いランニングを1分間してから3分間ゆっくり走るというように独特のウォームアップ法をしているなら、その通りにやりましょう。それはあなたの肯定的な儀式の一部なのです。

群集のなかに自分の居場所を見つける

多くのレースは時差スタートを採用しています。出場者はそれぞれの予想フィニッシュタイム（たとえば4時間台）によってグループ分けされ、いちばん速いランナーが最初に、いちばん遅いランナーが最後にスタートします。指名されたペースメーカーが推定タイムぴったりに各グループを先導します。どのグループと走るか決めるために、自分のスプリットとフィニッシュタイムを前もって計算しておきます（p.128を参照）。

レース当日のちょっとしたコツ

履き慣れたシューズを履きます。新しいシューズの性能はまだ未知数で、水疱や激しい痛みを引き起こす可能性もあります。

30～45分前にトイレの列に並びます。レース20分前になると列が非常に長くなることがあります。

レース前半は「分離」状態でわりあい気楽に走り、燃え尽きるのを防ぎます。後半、状況がきつくなってきたら「連合」します。

競争相手は自分のことではなくあなたのことを考えています。そこであなたは彼らのことを考えずにあなた自身のことを考えます。これが必勝のコツです。

レース直前　**137**

ウォームアップの時間をとる
きちんと準備し状況を把握していれば、レース前にいらいらしたりストレスを感じたりせずにすみます。ウォームアップがちゃんとできるように、スタートラインには早めに行きましょう。

ゼッケン
はできるだけ
早めにつける。

いつものランニングシューズ
で水泡を防ぐ。

レース中

必要なトレーニングもこなしてきたし、レースに参加する準備もできました。次はレース中の戦略です。トレーニング中に使った心理的な道具、たとえば視覚化（p.64～65を参照）や連合と分離（p.111を参照）が有効ですが、自分の最速レースタイム、つまり自己ベストを達成するするために使える戦略がほかにもいくつかあります。138～141頁のヒントが、心理的にも身体的にもあなたを競争相手より有利にしてくれるでしょう。

初めはゆっくり

いよいよレースが始まるとアドレナリンがどっとあふれるのを感じ、その場の雰囲気にのまれてしまいがちです。そうなると最初の四分の一、悪くすると二分の一を、速すぎるペースで走ることになります。スタートでとびだすのは絶対に避けなければなりません。初めは元気一杯かもしれませんが、予定よりも速すぎるスピードで走っていれば、消耗してスピードを維持できなくなります。最悪の場合、完走するエネルギーさえ残らないことにもなりかねません。自分のスプリットにできるだけ忠実に走りましょう。

飲みものがある場所では必ず取る

ハーフマラソンやそれより長い距離のレースではルートの途中に給水所が設けられます。ドリンクや一杯の水のために立ち止まれば遅れてしまうなどと思ってはいけません。ここで一息いれれば水分も補給できるし、エネルギーのもととして絶対必要なグルコースもとれます。最終的にはそのほうがずっと有利です。たとえのどが渇いていなくても、必ず利用するようにしましょう。飲みたいと思うほどのどが渇くまで待ったのでは遅すぎます——すでに脱水状態になっています。

レース戦略

フィニッシュタイムを数秒、いやうまくいけば数分、削るのに使えるすばらしいコツが3つあります。まず**ドラフティング**（次頁を参照）とは、誰かの後ろを、肩を四分の三ずらして走ることをいいます。空気抵抗が少なくなって、使うエネルギーを最大7%節約できま

おぼえておいてほしいコツ

スタートではとびださない。あとあと必ずたたられます（消耗してしまいます）。自分の予想スプリットを守りましょう。

機会はのがさず、飲みものやエネルギー食品を受け取る。飲んだり食べたりして失った時間は、身体に入れた水分やエネルギーで取り返せます。

競争相手やペースメーカーの後ろを**ドラフティング**する。相手の肩先を四分の三はずして走ります。誰かの航跡を走ると身体への空気抵抗が減り、エネルギーを節約できます。レース終盤でサージ（下記を参照）をかける余裕が持てるでしょう。

接線を走ってレース距離を短縮し、レースタイムを改善する。プロ選手がしているのですから、あなたがしない手はないでしょう。

ときどきサージをかけて、一緒に走っている集団のペースをわずかにあげさせる。インターバルトレーニングで鍛えていれば、競争相手よりすばやく回復できるでしょう。

す。次に、接線を走る（p.141を参照）とは2点間の最短距離を走る（たとえばカーブをつっきる）ことで、走る距離を短くすることができます。この戦略を使わない競争相手よりも速いフィニッシュタイムが可能になるわけです。3つめの戦略はサージング（p.140を参照）で、インターバルトレーニングを通して磨かれる技術です。自分の集団のペースを周期的に無酸素域にまであげさせ、それによって競争相手を疲れさせます。オリンピックマラソンでは、うまくサージングした選手が優勝をおさめたことが何度もあります。

ドラフティング

空気の静かな通り道を競争相手に作らせ、自分はそこを走ります。前のランナーが空気の流れに最初にぶつかり、あなたの受ける空気抵抗を最小限にしてくれます。あなたはエネルギーを節約しながら、しかも抵抗がない分速く走れるわけです。自分よりわずかに速い選手を見つけ、その肩の後ろにぴったりつきましょう。ただし1.5mほど距離を置くのが礼儀です。

140 レースに出る

サージング

熱心にインターバルトレーニングをすれば、それがそのままサージングの成功につながります。基礎ペースを無酸素レベルにまで短期間高め、続いて回復期間をとるところが共通しているのです。もしすばやい回復力があって強力なサージをかけることができるなら、サージングは競争相手を消耗させ、心理的に優位に立つのに役立ちます。

1 レース中、一定の基礎レースペースに落ち着くと、同じくらいの力のランナーと一団となって走ることになります。集団のなかで楽に走っていて、準備ができたと感じたとき、わずかにペースをあげましょう。あなたはやすやすと無酸素ゾーンにはいりますが、集団もたいていは一緒についてきます。3分たったらスピードをゆるめ、自分の基礎ペースに戻ります。

2 会話ペースでの短い回復ジョギングのあと、ふたたびサージをかけます（ステップ1を参照）。インターバルトレーニングであなたの回復力は改善されているはずで、それが有利に働くでしょう。回復に時間のかかるランナーは強力な競争相手についていくことができず、集団から脱落します。

接線を走る

直線が2点間の最短距離であるというのは単純な数学の法則です。これはレースにもあてはまりますから、この知識を有利に使いましょう。コースでカーブにさしかかったら、カーブに沿って進む（後ろのランナーを参照）のではなく、カーブをつっきりましょう（前のランナーを参照）。

レース後

レベルや距離の如何にかかわらず、レースはきつい運動ですから、適切なクールダウンをすることが重要です。トレーニングのときのように歩いたりゆっくりジョギングしたりしてから軽いストレッチをするのが、乳酸を始めとする有害物質を追い出して身体の平衡を取り戻すいちばんいい方法です。マラソンのようなレースのあとでは、あまりにも疲れきっていてクールダウンなどしたくないかもしれませんが、それほど疲れているからこそ、必要なのです。

ハーフマラソンまでのレース

21km以下のレース後は、少なくとも10分間、歩くかごくゆっくりジョギングして心拍数を正常に戻します。そのあと、翌日の筋肉のこわばりを防ぐために、一連の軽いストレッチ（p.40～47を参照）をします。体温はレース後急速に低下します。ブランケットがあれば低体温を防ぐのに役立つでしょう。

動き続ける

レース後のクールダウンは必須です。いま身体が要求しているのにそれを無視すれば、あとできっと後悔するでしょう。マラソンを終えたとたんに考えもなしに座りこむランナーを私も大勢目にしてきましたが、筋肉が動かなくなって立ち上がれなくなるのが常でした。そうならないように、10～15分のごくゆっくりしたジョギングを、できればほかのランナーと一緒にやりましょう。こうして和気あいあいとクールダウンすれば、脚の乳酸を追い出すのに役立つだけでなく、レース体験を語り合うチャンスも生まれます。クールダウンのジョギングに続いて一連のストレッチを最後まで行い（p.40～47を参照）、治癒過程を促進しましょう。

飲んで食べる

へとへとになるようなレースのあとでは、食べもののことなど頭に浮かばないかもしれませんが、レース終了後2時間以内に必ず何か口に入れるようにしましょう。全粒粉のパンやプレッツェルのような炭水化物食品は低下した血糖値を引き上げてくれますし、プロテイン入りスムージーやターキーのようなたんぱく質食品は筋肉の修復を助けます。とても食べられそうにないという場合でも、エナジーバー1本か、それがだめでも、塩分のようなミネラルの損失分を回復させるスポーツドリンクくらいはおなかに入れるようにしましょう。水もレースのあとでは必須です。身体の水分が完全に元に戻るには数日かかりますから、毎日グラスに6～8杯の水を飲むことをしんぼう強く続けましょう。

マッサージと休息

ほとんどのマラソン大会（それにハーフマラソンの一部）では、レース後のスポーツマッサージを比較的低料金で提供しています。多くのランナーが、こういったマッサージは筋肉から乳酸を追い出すのに効果的だと考えています。順番待ちの長い列に並ぶのをいとわないなら、レースを完走した自分へのまたとないごほうびとなるでしょう。

とはいうものの、身体が何よりも必要としているのは、みずからを修復するための休息です。なんといってもレースは過酷な体験です。クールダウンして何か口に入れたら、ゆったり腰をおろしてリラックスし、達成感を味わいましょう。

身体を包んで冷えを防ぐ：マラソンのあと、身体は急速に冷えます。大会事務局から提供されるプラスチックのブランケットにくるまって、冷えを防ぎましょう。

レース後　**143**

レース後の1週間

マラソンは身体にとって非常に過酷なできごとですから、レース後に少し体調がすぐれないように感じるのは自然なことです。1週間はまったく走らないようにしましょう。身体は回復モードに入っており、あまり早くランニングを始めるのは損傷のもとです。レース後の7日間には次のようなことが起こります。

- ひどい筋肉痛：歩きにくい。
- 免疫力の低下：かぜをひくこともある。
- 脚や足のむくみを伴う脱水状態。
- レース後のうつ状態もマラソンランナーにはよくみられる。

トレーニングの再開

レースのあと、特にマラソンのあとは、身体が限界まで酷使されているはずです。ですから、身体にこのトラウマから回復する時間を与えることがどうしても必要になります。充分な休息日を設けたうえで、徐々にランニングを再開するわけです。もし身体の声に耳を傾けず充分な休息を与えないと、長期にわたる損傷の危険を冒すことになります。ランニングを安全に効果的に再開するうえでのアドバイスを参考にしてください。

絞り込みを逆転させる

私たちはひとりひとり違いますから、レース後の回復にかかる時間もさまざまです。ともかく、今は別に危険を冒す必要はないわけですから、安全第一でいきましょう。

一説によれば、レース1.6kmにつき1日の回復日が必要だそうです。マラソンの場合はおよそ3〜5週間ということになります。回復期間をけちけちしてはいけません。百害あって一利なしです。レース後1週間は、ごく軽いトレーニング（たとえばウォーキング）以外は完全に控えます。次の2〜4週間は絞り込みプログラム（p.130〜31を参照）を逆転させて、会話ペースでランニングしたり、必要に応じてクロストレーニングをしたりします。

慎重に：レース後1週間は走らないようにします。この期間はウォーキングや軽いレジスタンストレーニング、サイクリングのような穏やかな運動が適当です。

マラソン後のトレーニング再開の例

週	1	2	3	4	5
日曜	レース日	休息日	ジョギング8km	ジョギング8km	ジョギング9.7km
月曜	休息日	サイクリング30分	ジョギング4.8km	ジョギング8km	ジョギング9.7km
火曜	休息日	休息日	休息日	休息日	水泳40分
水曜	ウォーキング20～30分	ジョギング6.4km	サイクリング40分	水泳40分	ジョギング9.7km
木曜	休息日	休息日	ジョギング8km	ジョギング6.4km	休息日
金曜	レジスタンストレーニング20分	ジョギング6.4km	サイクリング40分	休息日	ジョギング9.7km
土曜	休息日	ジョギング6.4km	ジョギング4.8km	ジョギング9.7km	ジョギング6.4km
総走行距離	0	19.3km	25.7km	32.2km	45km

注意：トレーニングはすべて楽な会話ペースで行う。この再開期間が終わるまではきつい無酸素トレーニングは始めない。

レースに出る

・モス（クワ）
・ストックホルム
・ダブリン ・ロンドン ・アムステルダム
・パリ ・ベルリン
・ヴィクトリア
・トロント
・シカゴ ・ボストン
・ニューヨーク
・アテネ
・カサブランカ ・カイロ
・ドバ（イ）
・メキシコシティ

・リオデジャネイロ

・ブエノスアイレス ・ケープタウン

レースで世界一周
長距離走はほんとうに国際的なスポーツで、マラソンはほとんどの国で開催されています。上の地図上の点は世界のおもなマラソンの開催地を示します。あなたの近くで開催されるさまざまな距離のレースについて、詳しくは156〜57頁を参照してください。

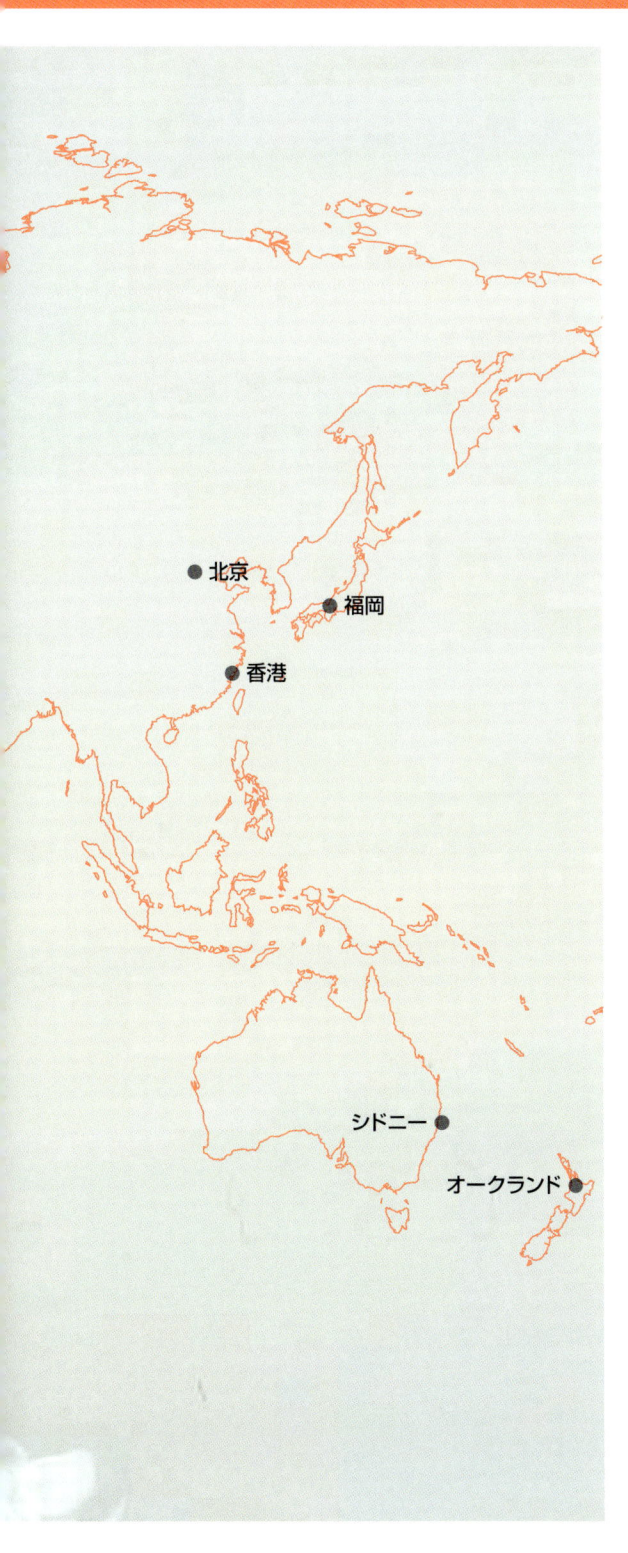

国際マラソン

世界中でたくさんのマラソンが開催されており、参加者にそれぞれユニークな体験の機会を提供しています。左の地図に示したのは、有名なマラソンの開催都市のほんの一部です。下の八つは、コースや気候、組織、熱心な観衆といった点で私が特に気にいっているレースの例です。

ベルリン、ドイツ（9月）
ドイツの首都を抜ける平坦なコースのベルリン・マラソンは、ブランデンブルグ門や国会議事堂といった名所旧跡の近くにスタートならびにゴール地点があります。
www.real-berlin-marathon.com

ボストン、アメリカ（4月）
アメリカで最もむずかしいコースのひとつであるボストン・マラソンは、丘で有名です。このレースに出るには指定された公認記録を持っていなければなりません。
www.bostonmarathon.org

福岡、日本（12月）
雰囲気がとてもよく、博多湾沿いの風光明媚な地区を走る福岡国際オープンマラソンは、私のお気に入りコースのひとつです。
http://ntt.asahi.com/fukuoka-marathon/fukuoka_e/index.html

ロンドン、イギリス（4月）
グリニッジ公園を起点とするロンドン・マラソンは、ロンドン市内をテムズ川に沿って走ります。とても人気のあるレースなので、出場は抽選で決まります。

ニューヨーク、アメリカ（9月）
世界的に有名なニューヨークシティ・マラソンは市の5つの区すべてを通ります。出場は抽選で決まります。
www.nyrrc.org/nyrrc/marathon

パリ、フランス（4月）
パリ・マラソンはよく整備された美しいルートが特徴です。シャンゼリゼ通りを出発して、フランスの首都のさまざまな名所旧跡のそばを通ります。
www.parismarathon.com/marathon/2004/us

シドニー、オーストラリア（9月）
シドニー・マラソンのすばらしく美しいルートはほとんどが平坦で、2000年オリンピックの公式ルートとほぼ同じです。
www.sydneymarathon.org

ヴィクトリア、ブリティッシュコロンビア、カナダ（10月）
ロイヤル・ヴィクトリア・マラソンはカナダ最大のロードレース行事のひとつで、理想的な気候条件と美しい景観が特徴です。
www.royalvictoriamarathon.com

5キロレースへ向けてのプログラム

この距離のレースは数も豊富で、初心者にも上級者にもお勧めです。レースは初めてという人にとっては安心して参加できる手ごろな距離ですし、上級者にはスピードトレーニングのまたとない機会となります。ただしここで紹介するトレーニングプログラムはレース初出場者のためのもので、トレーニングは常に会話ペースで行います。また右の例はあくまでも指針であって、正確にこの通りにしなければならないわけではありません。

1〜4週
もしこれまで1.6kmも走ったことがないなら、最初の2週間で、この距離のランニングに身体を慣らします。2週間で充分なはずですが、4週目までずれ込むこともありえます。目標は慎重に設定し、無理をしないようにしましょう。

5〜8週
ここまでの4週間でランニングしてきた距離については、気持ちよく走れるようになっているはずです。身体がすっかり慣れ、次の段階に進む準備ができたのです。身体の声によく耳を傾けて、徐々に距離を伸ばしていきましょう。

9〜12週
10週目までに、5km前後を走れるくらいの体力が充分についているでしょう。10週目は、ペースと距離、あるいはそのどちらかをごくわずかずつ上げていきます。最後の2週は消耗と損傷を避けるため、トレーニングを少なくとも30パーセント絞り込みます。

週	日曜日	月曜日
1	ジョギング1.6km	休息日
2	ジョギング1.6km	休息日
3	休息日	ジョギング2.4km
4	休息日	ジョギング2.4km
5	ジョギング3.2km	休息日
6	休息日	ジョギング3.2km
7	休息日	ジョギング4km
8	ジョギング4km	休息日
9	休息日	ジョギング4.8km
10	ジョギング4.8km	休息日
11	休息日	ジョギング4km
12	ジョギング3.2km	休息日

5キロレースへ向けてのプログラム

火曜日	水曜日	木曜日	金曜日	土曜日	計
ジョギング1.6km	休息日	ジョギング1.6km	休息日	休息日	4.8km
ジョギング1.6km	休息日	ジョギング1.6km	休息日	ジョギング1.6km	6.4km
休息日	ジョギング2.4km	休息日	ジョギング2.4km	ジョギング2.4km	9.6km
休息日	ジョギング2.4km	ジョギング2.4km	休息日	ジョギング2.4km	9.6km
ジョギング3.2km	休息日	ジョギング3.2km	休息日	ジョギング3.2km	12.8km
休息日	ジョギング3.2km	休息日	ジョギング3.2km	ジョギング3.2km	12.8km
休息日	ジョギング4km	休息日	ジョギング4km	ジョギング4km	16km
ジョギング4km	休息日	ジョギング4km	ジョギング4km	休息日	16km
休息日	ジョギング4.8km	ジョギング4.8km	休息日	ジョギング4.8km	19.2km
ジョギング5.6km	休息日	ジョギング4.8km	ジョギング5.6km	休息日	20.8km
休息日	ジョギング4km	休息日	ジョギング4km	休息日	12km
ジョギング3.2km	休息日	ジョギング3.2km	休息日	休息日	9.6km

10キロレースへ向けてのプログラム

この距離の大会は、5kmレースをいくつか経験し、新しい挑戦目標を探している中級レベルのランナーにぴったりです。上級レーサーは、5kmレース同様にスピードトレーニングの一部として走ってもいいでしょう。ハーフマラソンめざしてトレーニングしているけれどまだレースには出たことがないという人も、まずこの距離でレースの感覚に慣れたほうがいいでしょう。ここに紹介するのは中級レーサー向けの基本的なトレーニングプログラムで、すべて会話ペースで行うこととします。週に1度、インターバルトレーニング（p.110-115を参照）を組み込んでもいいでしょう。右のプログラムはひとつの指針で、この通りにしなければならないということではありません。

1～4週
まだ5kmまでしか走ったことがないなら、最初の2週間で身体をそれ以上の距離に慣らしていきます。2週間で充分なはずですが、4週目までずれ込むこともあります。目標は慎重に設定し、決して無理をしないようにしましょう。

5～8週
4週目までの距離については、気持ちよく走れるようになっているでしょう。身体がすっかり慣れ、さらに前進する準備が整ったのです。身体の声によく耳を傾け、距離をゆっくりと伸ばしたり、週に1度のインターバルトレーニングを追加したりしましょう。

9～10週
10週までには、10km前後を走るための体力強化はピークに近づいているでしょう。10週目にはペースと距離、またはそのどちらかをごくゆっくりと上げていきます。最後の2週間は消耗と損傷を避けるため、トレーニングを少なくとも30パーセント絞り込みます。

週	日曜日	月曜日
1	ジョギング4.8km	休息日
2	ジョギング5.6km	休息日
3	ジョギング5.6km	ジョギング5.6km
4	休息日	ジョギング6.4km
5	ジョギング6.4km	休息日
6	休息日	ジョギング7.2km
7	休息日	ジョギング8km
8	ジョギング8.6km	休息日
9	休息日	ジョギング9.7km
10	ジョギング10.5km	休息日
11	休息日	ジョギング6.4km
12	ジョギング5.6km	休息日

10キロレースへ向けてのプログラム

火曜日	水曜日	木曜日	金曜日	土曜日	計
ジョギング4.8km	休息日	ジョギング4.8km	休息日	休息日	14.4km
ジョギング5.6km	休息日	ジョギング5.6km	休息日	ジョギング5.6km	22.4km
休息日	ジョギング4.8km	休息日	ジョギング5.6km	ジョギング6.4km	28.0km
休息日	ジョギング6.4km	ジョギング6.4km	休息日	ジョギング6.4km	25.6km
ジョギング5.6km	休息日	ジョギング6.4km	休息日	ジョギング7.2km	25.6km
休息日	ジョギング8km	休息日	ジョギング8km	ジョギング8km	31.2km
休息日	ジョギング7.2km	休息日	ジョギング8km	ジョギング8km	31.2km
ジョギング8.6km	休息日	ジョギング8.6km	ジョギング8.6km	休息日	34.4km
休息日	ジョギング9.7km	ジョギング8.6km	休息日	ジョギング10.5km	38.5km
ジョギング9.7km	休息日	ジョギング10.5km	ジョギング8.6km	休息日	39.3km
ジョギング6.4km	ジョギング6.4km	休息日	ジョギング6.4km	休息日	25.6km
ジョギング6.4km	休息日	ジョギング4.8km	ジョギング6.4km	休息日	23.2km

ハーフマラソンへ向けてのプログラム

ハーフマラソンは中級ならびに上級のあらゆるランナーに達成感を与えてくれる、すばらしい中距離レースです。このレースへ向けてのトレーニングを考えているあなたは、すでに10kmレースにいくつか出て、レースには慣れていることでしょう。マラソンへの参加を計画しているランナーには、ハーフマラソンは特にいいトレーニングになります。ここで紹介するのは中級レーサー向けの基本的なトレーニングプログラムで、すべて会話ペースで行うこととします。週に1度、インターバルトレーニングを組み込んでもいいでしょう。右のプログラムはあくまでも指針で、この通りにしなければならないわけではありません。

1～4週
これまで10kmまでしか走ったことがないなら、最初の2週間で身体をそれ以上の距離に慣らしていきます。2週間もあればたぶん充分ですが、4週目まで、この調整期間がずれ込むこともあります。目標は慎重に設定し、無理のないようにしましょう。

5～8週
4週目までの距離は楽に走れるようになっているはずです。身体がすっかり慣れ、次の段階に進む準備が整ったのです。身体の声に耳を傾けながら、距離を徐々に増やしていきます。ここからは、週に1度のトレーニング（右肩に＊印のついた長距離走を除く）をインターバルトレーニング（p.110-115を参照）に替えてもいいでしょう。

9～12週
10週目までに、およそ21kmを走るための体力強化のピークに近づくはずです。10週目はペースと距離、またはそのどちらかをごくわずかにあげます。最後の2週間はトレーニングを少なくとも30パーセント絞り込んで、消耗と損傷を避けます。

週	日曜日	月曜日
1	ジョギング9.7km	休息日
2	ジョギング10.5km	休息日
3	休息日	ジョギング8km
4	休息日	ジョギング10.5km
5	ジョギング9.7km	休息日
6	休息日	ジョギング10.5km
7	休息日	ジョギング11.3km
8	ジョギング11.3km	休息日
9	休息日	ジョギング11.3km
10	ジョギング11.3km	ジョギング10.5km
11	ジョギング10.5km	休息日
12	ジョギング9.7km	休息日

ハーフマラソンへ向けてのプログラム

火曜日	水曜日	木曜日	金曜日	土曜日	計
ジョギング9.7km	休息日	ジョギング6.4km	休息日	ジョギング9.7km*	35.5km
ジョギング10.5km	休息日	ジョギング6.4km	休息日	ジョギング11.3km*	38.7km
休息日	ジョギング10.5km	休息日	ジョギング9.7km	ジョギング12.9km	41km
休息日	ジョギング10.5km	ジョギング8km	休息日	ジョギング14.5km*	43.5km
ジョギング12.9km	休息日	ジョギング10.5km	休息日	ジョギング16.1km*	49.2km
休息日	ジョギング12.9km	休息日	ジョギング10.5km	ジョギング16.9km*	50.8km
休息日	ジョギング11.3km	休息日	ジョギング12.9km	ジョギング17.8km*	53.3km
ジョギング11.3km	休息日	ジョギング14.5km	休息日	ジョギング18.5km*	55.6km
休息日	ジョギング14.5km	ジョギング11.3km	休息日	ジョギング19.3km*	56.4km
ジョギング11.3km	休息日	ジョギング10.5km	休息日	ジョギング21.7km	65.3km
ジョギング10.5km	休息日	ジョギング6.4km	休息日	ジョギング11.3km	38.7km
ジョギング9.7km	休息日	ジョギング6.4km	休息日	ジョギング9.7km	35.5km

フルマラソンへ向けてのプログラム

フルマラソン（42.1km）はロードレースをめざす中級上級ランナーにとっての最終目標です。なによりすばらしいのは、適切なトレーニングをしさえすればほぼ誰でもフルマラソンを走れることでしょう。ここで紹介するプログラムはハーフマラソン向けのトレーニングプログラム（p.152-53を参照）を下敷きにしています。フルマラソンへ向けてのトレーニングを始める前に、ハーフマラソンに少なくとも1回（できれば2、3回）は出てみましょう——自分の身体が長距離レースにどのように反応するかがよくわかります。レースもよく考えて選びましょう。トレーニングをしてきた場所と地形や気候が似通ったコースを選ぶのが賢明です。平坦で涼しい都市でトレーニングしてきたなら、涼しい気候の場所の平坦なコースを選びます。

ここに紹介するのは中級レーサー向けの基本的なトレーニングで、すべて会話ペースで行うこととします。週に1回、短い距離の走りをインターバルトレーニングに替えてもいいでしょう。右のプログラムはひとつの指針で、この通りにしなければならないわけではありません。

1〜4週
これまで10kmまでしか走ったことがないなら、最初の2週間で、それ以上の距離に身体を慣らします。たぶん2週間で充分なはずですが、場合によっては4週目までかかることもあります。目標は慎重に設定し、無理のないようにします。

5〜8週
4週目までの距離は楽に走れるようになっているでしょう。身体がすっかり慣れ、次の段階に進む準備が整ったのです。身体の声に耳を傾けながら、距離を徐々に増やします。ここからは、週に1度（右表の＊印の長距離走を除いて）、インターバルトレーニング（p.110-115を参照）に替えてもいいでしょう。

9〜12週
9週目には、30〜32kmの距離を走るための体力強化のピークに近づいているはずです。10週目にはペースと距離、またはそのどちらかをごくゆっくりあげていってもいいでしょう。35kmを超える走りをする必要はまったくありません。トレーニングでこれ以上の距離を走ることはむしろ有害なことがあります。最後の2週間はトレーニングを少なくとも30パーセント絞り込んで、消耗と損傷を避けます（詳しくはp.130-31を参照）。

週	日曜日	月曜日
1	ジョギング9.7km	休息日
2	ジョギング9.7km	休息日
3	休息日	ジョギング9.7km
4	休息日	ジョギング9.7km
5	ジョギング11.3km	休息日
6	休息日	ジョギング11.3km
7	休息日	ジョギング11.3km
8	ジョギング11.3km	休息日
9	休息日	ジョギング9.7km
10	ジョギング11.3km	休息日
11	ジョギング9.7km	休息日
12	ジョギング9.7km	ジョギング9.7km

フルマラソンへ向けてのプログラム

火曜日	水曜日	木曜日	金曜日	土曜日	計
ジョギング9.7km	休息日	ジョギング6.4km	休息日	ジョギング16.1km*	41.9km
ジョギング11.3km	休息日	ジョギング8km	休息日	ジョギング19.3km*	48.3km
休息日	ジョギング11.3km	休息日	ジョギング9.7km	ジョギング20.9km*	51.6km
休息日	ジョギング12.9km	ジョギング9.7km	休息日	ジョギング19.3km*	51.6km
ジョギング14.5km	休息日	ジョギング9.7km	休息日	ジョギング24.1km*	59.6km
休息日	ジョギング14.5km	休息日	ジョギング9.7km	ジョギング25.7km*	61.2km
休息日	ジョギング11.3km	休息日	ジョギング12.9km	ジョギング27.4km*	62.9km
ジョギング11.3km	休息日	ジョギング12.9km	休息日	ジョギング29km*	64.5km
休息日	ジョギング14.5km	ジョギング9.7km	休息日	ジョギング30.6km*	64.5km
ジョギング9.7km	休息日	ジョギング12.9km	休息日	ジョギング32.2km*	66.1km
ジョギング9.7km	ジョギング9.7km	休息日	ジョギング9.7km	ジョギング6.4km	45.2km
ジョギング9.7km	ジョギング9.7km	休息日	ジョギング6.4km	休息日	45.2km

索引

あ

足首の強化　103
足首の損傷　21, 94, 102-103
足の強化　103, 104, 105
足のケア　102
足の損傷　102-105
足もと　94, 95
安全　30, 124-25
インターバルトレーニング　14, 38, 110-15, 127, 138, 140
ウォームアップ　36-37, 58, 136-37
腕の位置　84, 85
エチルビニルアセテート(EVA)　21, 23
エンドルフィン　12
オーバートレーニング　14, 24, 62, 94, 112
オメガ-3脂肪酸　71, 75
オリンピック, オリンピック選手　6, 27, 62, 84, 89, 138, 110

か

回外　20, 21
回内　20, 21
回復　31, 63, 112
過酷な努力　24
過剰回内　20, 21
カフェイン　72, 73
壁にぶち当たる　133
カルシウム　71, 74-75, 76, 77
緩急の法則　63
外転筋リフト　55, 59
気分　12
矯正用具　22, 102
筋肉の損傷　94
クールダウン　38, 59, 142
靴底の減り方　20
クレンジングブレス　122
グリコーゲン　14, 15, 70, 71
グループランニング　28-29
グルコサミン　75
ケネス・クーパー医師　12
減量　11, 12, 13, 78-81
効果(ランニングの)　11-13
効果(レジスタンストレーニングの)　48-49
抗酸化物質　74-75, 77
肯定的儀式　65, 136
呼吸法　30-31, 122-23
腰, 背中, 体側部のストレッチ　41, 42, 43, 58
腰の痛み　110-101
骨折　96
コンドロイチン　74, 75

さ

最大酸素摂取量(VO2 max)　76, 110, 116, 117
最大心拍数　14, 15, 36
サプリメント　74-75
三頭筋ストレッチ　46, 58
視覚化　64-65, 129, 138
姿勢　86-88, 100
絞り込み　130-31, 132, 133, 134, 144, 148, 150, 154
踵骨棘　104, 105
食事　70-73, 76, 77, 78-79, 132-33
食物　70-73, 132-33, 134-35, 142
心血管系　11, 12, 14, 25, 31
シンスプリント　96, 97
心拍数　14, 15, 36
心拍数モニター　108, 109
心理的な効果　64-65
自覚的運動強度(RPE)　24-25
自己ベスト(PB)　138, 114
ジョーン・ベノア・サミュエルソン　89, 91
スクワット　52, 58
ストライドの長さ　90, 91, 92, 93
ストレス　77
スプリット　128, 134, 135, 136, 138
スポーツブラ　18
生理機能　62-63
背中の痛み　100-101
背中のストレッチ　41, 47, 57, 58
背中を緩める　101
全地球位置把握システム(GPS)　108
総合ビタミン剤　74
装備　108-109, 134
足底筋膜炎　104, 105
ソックス　19
損傷　94-105
　いろいろなタイプの損傷　96-105
　予防　96-105

た

体格指数(BMI)　14
体型　89, 91
体力　14-15
炭水化物　14, 70, 72, 73, 132, 133, 134
炭水化物負荷(カーボローディング)　133, 134
たんぱく質　70-71, 73, 79, 132
大腿四頭筋　44, 48, 52, 53, 58
大腿四頭筋ストレッチ　44, 58
脱水　70, 72-73, 138, 142
ダンベル　49, 50, 51, 59
ダンベルを使う二頭筋カール　51, 59
ダンベルを使うベンチプレス　50, 51, 59

索引

遅発性筋肉痛（DOMS） 38
チャンピオンチップ 108, 134-35
中級レベル 82-105
治癒 62-63
テクニック 30, 84-93, 94
トゥストライカー 22, 86, 87
透湿性 16, 17, 18, 19
トレーニング効果 12
トレーニング日誌 66-68, 128
トレーニングペース 92.93
トレッドミル 112, 121

な

内転筋リフト 54, 59
梨状筋ストレッチ 100, 101
軟骨の損傷 94
ニー・ブレース 98
日誌 66-68
乳酸 15, 38, 44, 142
乳製品 71, 73, 77
年齢 12, 76-77

は

初めての走り 26-29
ハムストリングカール 53
ハムストリングとふくらはぎのストレッチ 40
バックエクステンション 47, 57, 59
パートナー 28, 29, 30, 63, 124
ヒールストライカー 22, 86, 88
膝の損傷 98-99
日焼け止め 19, 76, 136
ヒルトレーニング 14, 38, 68, 116-17
ビタミン 72, 74-75, 76-77
ピッチ 90.91
服装 16-19, 124
ふくらはぎストレッチ 45, 58
腹筋クランチ 56, 57, 59
フットストライク 22, 86, 87, 88
フリーラジカル 38, 74, 77
分離 28, 111, 131, 136, 138
歩数計 108, 124
ホットスポット 96
骨の損傷 94
ポーラ・ラドクリフ 89, 91

ま

摩擦係数 63
マラソン 6, 19, 89, 133, 142, 143, 146-47, 154-55
水 70, 72-73, 134, 138, 142

や

夜間ランニング 124
有酸素と無酸素 15

ら

ランナーズハイ 12, 23
ランニングシューズ 20-23, 29, 86
ランニングシューズの構造 23
ランニング専門店 20, 22, 29
ルート 30, 120-21
ループ 29, 30yh
レース
　緊張感 136
　サージング 138, 140
　最終準備 134-35
　食事 132-33, 134
　準備 128-31
　接線を走る 138, 141
　当日 136-39
　ドラフティング 138-39
　レース後 142-43
　レース前のトレーニング 92, 93
レースをめざすプログラム
　10km 150-51
　5km 148-49
　ハーフマラソン 152-53
　フルマラソン 154-55
レジスタンストレーニング 34, 46, 48
連合 111, 136, 138
ロバート・ギーゲンガック 9, 26, 61
路面 30, 118-19, 120-21

acknowledgments

Author's acknowledgments

Giving acknowledgments for me means expressing profound thanks and appreciation while realizing how lucky I have been with the good people I have met. Robert Giegengack at Yale University taught me training theory and how to think while running. Bill Bowerman provided emotional guidance through my golden Olympic experience. In my post-Olympic years George Hirsch was there to emulate as I figured out how to earn a living while still staying connected to the sport I love. Over the years, Joe French, Bob Stone, and Steve Bosley, along with other close friends in my adopted home of Boulder, Colorado have helped provide the perfect living and training venue for me. Thanks to Gillian Roberts and Mary-Clare Jerram for trusting that I could write this book in what I hope is a truly understandable manner. Thanks also to Miranda Harvey and Russell Sadur for the book's beautiful layout and photography, and to Shannon Beatty for helping me direct my thoughts when they chose to wander.

Publisher's acknowledgments

Dorling Kindersley would like to thank photographer Russell Sadur, and his assistant Nina Duncan; models Amy Colby, Simon Harley, Leslie Herod, Gina Mangum, Sheree Matheson, and Thea Thompson; Catherine Corona, for the models' hair and makeup; the Flatiron Athletic Club; Sara Robin for design help; Simon Mumford for the map; Christine Heilman for editorial assistance, Peter Rea for compiling the index; and Christopher Beatty and Eric Dubrow for their helpful advice.

Thanks also to Frank Shorter Sports for supplying running clothes, New Balance for running shoes, Asics for supplying the EVA image featured on page 23, and Julian Wolk at ChampionChipUK for lending us a ChampionChip®.

Picture credits

Alamy/Image100: p.84; Alamy/Popperfoto: p.86; Asics: p.23; Empics/Don Morley: p.89. All other images © DK Images

---

著者略歴

　フランク・ショーターは1972年にドイツのミュンヘンで行われたオリンピックマラソンで金メダルを勝ちとり、ランニングの最高峰をきわめました。さらに1976年のモントリオールオリンピックでは銀メダルを獲得しています。

　ほかにも数々の業績をあげており、アメリカの10,000メートルチャンピオン5回、クロスカントリーチャンピオン4回、福岡国際マラソン連続4年優勝という栄誉に輝き、現在はアメリカのオリンピック殿堂入りを果たしています。

　心理学の学位を得てエール大学を1969年に卒業しましたが、医学部進学課程も修めています。さらにフロリダ大学から法律の学位を取得し、1975年にコロラド州の弁護士試験に合格しています。1977年、フランクショータースポーツという会社を設立して、本格的にランニングを楽しみたい人のためのランニングウェアの開発に乗り出しました。

　米国アンチドーピング機構の初代会長として、オリンピック競技からの違法な成績向上薬物の排除に尽力しています。『ランナーズワールド』誌米国版の特別寄稿者でもあり、『NBCスポーツ』の解説者も務めています。コロラド州ボールダーに在住。

関連情報

各種組織

フランクショーター関連（日本国内担当）
株式会社フランクショータージャパン
〒530-0038　大阪市北区紅梅町1-21
Phone：06-6351-1892
Fax：06-6352-1518
E-mail：info@frankshorter-japan.com
URL：http://www.frankshorter-japan.com/
フランクショーター関連（海外担当）
株式会社FSスタイル
〒651-1191　神戸北局23号
Phone：078-594-2508
E-mail：info@fs-style.com

国際マラソン・ロードレース協会（AIMS）
www.aims-association.org
マラソンも含め、世界中のあらゆる距離のレースに関する情報。
www.marathonguide.com
世界中のマラソンに関する情報。
www.realrunner.com
ランニング、レース、マラソン、その他関連事項に関する情報。
www.championchip.com
レースのタイムを計測するチップの入手と使用に関する情報が載っている企業ウェブサイト。

世界アンチ・ドーピング機構（WADA）
Avenue du Tribunal-Fédéral 34
1005 Lausanne, Switzerland
www.wada-ama.org
スポーツにおける薬物使用の根絶をめざす組織。

推奨図書など

ケネス・クーパー著、原礼之助訳『エアロビクス』

Glover, Bob (with Jack Shepherd and Shelly-lynn Florence Glover)
The Runner's Handbook
(Penguin Books, 1996)
あらゆるレベルのランナーに役立つ情報を満載した手引書。

Burfoot, Amby
Runner's World Complete Book of Running
(Rodale Press, Inc.,1997)
ランニングとレースについての包括的な書籍。

Runner's World Magazine
7–10 Chandos Street
London W1G 9AD
Tel: 0207 291 6000
Fax: 0207 291 6080
www.runnersworld.co.uk
Leading running magazine and website full of up-to-the-moment training tips and tricks.

Running Fitness Magazine
Kelsey Publishing Ltd, 1st Floor
South Wing, Broadway Court
Broadway, Peterborough PE1 1RP
Tel: 01733 347559
Fax: 01733 352749
Email: rf.ed@kelsey.co.uk
www.running-fitness.com
Running magazine and website full of up-to-the-moment training tips and tricks.

産調出版の本

歩く運動療法
身体を引き締め、しなやかにする
ローインパクト・フィットネス＆
有酸素運動
ニーナ・バロウ 著
簡単で身体への衝撃が少ない、有酸素運動パワーウォーキングの技術を丁寧に解説。正しい歩き方を身につければ1日30分で活力が急速に増進。自信をもって一歩を踏み出そう！ 
本体価格1,900円

自宅でできる運動療法
生涯にわたって丈夫な体を保ち、
けがに対処するために自宅でできる
理学療法のパーフェクトガイド
ケイト・シーヒー 著
自然療法の一つとしても数えられているフィットネスセラピーは、体本来の治癒機能を向上させる。本書では詳細な写真に図解と指示を加え、どのエクササイズも正確に実行できる。 
本体価格1,900円

アクアフィットネス ペーパーバック版
体への負担を減らした
全身水中運動
ミミ・ロドリゲス・アダミ 著
全身から活力がわいてくる水中エクササイズ。子どもからお年寄り、体力の落ちた人からスポーツ選手まで、あらゆる人にうってつけの運動。 
本体価格1,800円

ヨーガ 本質と実践
心とからだと魂のバランスを
保ち自然治癒力を高める
シヴァーナンダ・ヨーガ・センター 編
わかりやすい指示と信頼できる教義解説で、時代を超えたヨーガの行法のすべてがわかる。初心者から熟練者まで刺激になる一冊。 
本体価格3,100円

栄養療法ガイドブック
食べて治そう、健康になろう
デニス・モーティモア 著
食生活を変えただけで、体にどれだけのメリットがあるかをわかりやすく紹介。全ページフルカラーのイラストや写真入りで様々な情報を網羅した、食生活を適切に管理するためのガイド。 
本体価格2,200円

良質カロリーの携帯便利帳
カロリーを減らすための
データ活用法
キアステン・ハートヴィ 著
健康的に食べ、ダイエットする為に欠かせない情報が満載。600を超える食品を掲載した「スリムでいたい、健康でもありたい」と願う全ての人に。
本体価格1,600円

---

running
フランク・ショーターの
マラソン＆ランニング

発　　行	2010年4月15日
発行者	平野　陽三
発行元	ガイアブックス
	〒169-0074 東京都新宿区北新宿3-14-8
	TEL.03(3366)1411　FAX.03(3366)3503
	http://www.gaiajapan.co.jp
発売元	産調出版株式会社

著　者：フランク・ショーター（Frank Shorter）

翻訳者：日向 やよい（ひむかい やよい）
東北大学薬学部卒業。主な訳書に『脳卒中のあと、私は…』（産調出版）、『殺人感染症』（NHK出版）など。

※本書は、『走りを極める』のペーパーバック版です。

Copyright SUNCHOH SHUPPAN INC. JAPAN2010
ISBN 978-4-88282-744-3 C2075
Printed in Singapore

落丁本・乱丁本はお取り替えいたします。
本書を許可なく複製することは、かたくお断わりします。